Et si on dansait ?

Éloge de la ponctuation

Erik Orsenna

de l'Académie française

Et si on dansait ?

Éloge de la ponctuation

Stock

Illustrations : Montse Bernal/Zegma.com

ISBN 978-2-234-06058-6

Pour Paul et pour Victor.

I

J'avoue.

Pas besoin d'avocat, je plaide coupable.

Je m'appelle Jeanne.

J'ai seize ans.

Quelques-uns d'entre vous m'ont connue quand j'étais petite : je découvrais la grammaire. Depuis, j'ai dû me battre pour me faire respecter. J'ai pleuré. J'ai voyagé. J'ai rencontré des gens. Peut-être bien qu'en ce moment, suis-je amoureuse ? Je vous raconterai. Bref, j'ai grandi et j'ai créé un petit commerce plutôt limite.

Certains, qui ne m'apprécient pas, m'appellent « la dealeuse ». Dealeuse de phrases. Droguée de mots. Ils n'ont pas tort. Je vous l'ai dit : je plaide coupable.

Un jour ou l'autre, les policiers viendront chez moi, ils déchireront mes cahiers, piétineront mes dictionnaires, renverseront mes encriers, m'arracheront mon ordinateur pour lui faire avouer tous mes secrets. Et moi, il y a toute chance qu'ils me mettent les menottes et m'entraînent au commissariat.

J'avoue : pendant les vacances, je fabrique des choses. Dans mon atelier clandestin. Pendant que vous martyrisez vos portables, que vous vous promenez en bateau, que vous cherchez frénétiquement l'amour ou que vous vous dorez sur les plages, moi, je fabrique des devoirs. Des rédactions, des dissertations, des commentaires de texte (même si je déteste ces exercices-là : commenter c'est découper, désosser, dessécher). Une fois fabriqués, je les range dans un carton et je les ressors quand je trouve un client.

J'imagine vos cris d'horreur, surtout ceux des professeurs :

– Vous voulez dire, vilaine petite Jeanne, que vous livrez aux élèves qui le demandent des devoirs tout faits ?

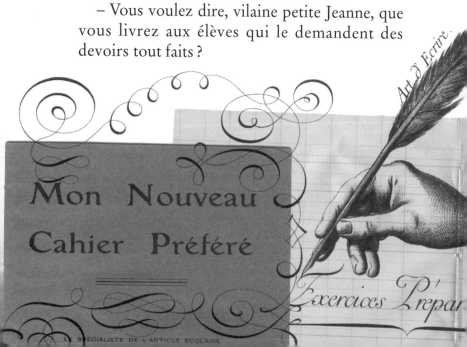

– Vous avez tout compris.

– Quelle honte ! Quel mépris de l'Éducation nationale ! Et bien sûr vous vous faites payer…

– Tout travail mérite salaire, non ?

Attention, mes tarifs sont modestes. Je tiens compte de la situation de chacun, je propose des crédits à toutes celles et tous ceux qui sont dans le besoin. Pour payer leur devoir, ils peuvent aussi venir bricoler chez moi, m'aider à l'entretien de mon jardin minuscule…

Jeanne est une femme d'affaires très humaine, habitée par un seul souci : rendre service aux jeunes qui ne savent pas écrire. Pour écrire, il faut, comme Jeanne, vivre dans la connaissance des mots et l'amitié des phrases. Et ce n'est pas donné à tout le monde.

Je ne suis pas idiote. Je comprends ces fureurs contre moi. Si je fais les devoirs à la place des élèves, comment vont-ils progresser ?

Mais moi, quel autre choix avais-je ? Vous en avez de bonnes avec la morale ! Je voudrais vous y voir, sans l'appui d'aucun parent. Depuis que mon père et ma mère se sont réconciliés, ils ne se préoccupent que de leur amour rené. Ils nous appellent de temps en temps. Ils nous embrassent fort, fort. Mais nous sentons bien qu'ils ont la tête ailleurs. Ils raccrochent vite. Pas grave, le pire n'est pas là. On se fait à tout, même à l'indifférence. Le pire, c'est qu'ils ont complètement oublié combien coûtent de grands enfants. Ils se croient quittes de nous en nous envoyant chaque mois un mandat ridicule : cent euros ! Comment voulez-vous vivre à deux avec cent euros ?! Il a bien fallu que je me débrouille. Et d'autant plus que mon très cher frère Tom avait décidé, le jour de ses vingt ans, de revenir à sa passion première.

Il faut que je vous raconte comment, de quelle triste manière.

Notre vieil ami, M. Henri, le guitariste légendaire, est mort l'année dernière.

Sentant sa fin prochaine, il avait convoqué mon frère :

– Tom, mon garçon, que préfères-tu au monde ?

– La musique, bien sûr.

– Je sais. Alors pourquoi te perds-tu dans d'autres métiers ?

Il paraît que la voix de M. Henri avait encore gagné en douceur, mais que cette douceur était un ordre.

– Tom ?

– Oui, monsieur Henri.

— La seule vérité de la vie, tu m'entends…
la seule, c'est la préférence… oser la préférence.
Tu aimes la musique ? Sois musicien. Et maintenant laisse-moi. Je suis fatigué… si fatigué.

Comment mon frère pouvait-il désobéir à
l'ordre doux de M. Henri ?

Mais vous savez bien qu'avant de « trouver son
public » un musicien ne gagne rien. Et qui le
finance, le musicien, en attendant que sa gloire
vienne ? Sa sœur, quand il a la chance d'en avoir
une, son imbécile de sœur, toujours trop gentille
et trop bonne poire, comme la plupart des sœurs.

Et voilà comment, par absolue nécessité, moi,
Jeanne, je suis devenue écrivain fantôme. Les
écrivains fantômes sont celles et ceux qui écri-
vent des livres que d'autres signent, des discours que d'autres prononcent et… des devoirs
que d'autres présentent à leur professeur en
s'épongeant le front pour bien montrer qu'ils
ont durement et longtemps travaillé. Si vous êtes
intéressé(e), vous pouvez me joindre sur mon site
www.jecrispourvous-jeanne.com.

Parmi mes textes qui ont le plus de succès (je
veux dire qui ne recueillent jamais moins de 17/20),
citons :

RÉDACTIONS
- L'arrestation d'un trafiquant de drogues (gros succès).
- Pourquoi Leonardo DiCaprio séduit ? (Beaucoup d'intérêt chez les garçons, qui veulent découvrir la recette.)
- Un dîner de Noël catastrophique (récit réaliste, donc sujet à haut risque: certains enseignants n'aiment pas du tout les cris, les injures, la dinde jetée à la figure du grand-père amateur de films X…).

COMMENTAIRES COMPOSÉS
- Robinson Crusoé décide de tenir son journal.
- *L'Avare*, de Molière (acte I, scène 3 : Harpagon croit que son valet La Flèche le vole, alors il le fouille).
- Et, surtout, ce poème d'Apollinaire, mon chef-d'œuvre (et l'un des siens).

Dans la plaine les baladins
S'éloignent au long des jardins
Devant l'huis des auberges grises
Par les villages sans églises

Et les enfants s'en vont devant
Les autres suivent en rêvant

Chaque arbre fruitier se résigne
Quand de très loin ils lui font signe

Ils ont des poids ronds ou carrés
Des tambours des cerceaux dorés
L'ours et le singe animaux sages
Quêtent des sous sur leur passage

Si vous devenez mon client, ma cliente, vous verrez avec quelle précision je définis les mots *saltimbanque* (origine italienne : celui qui « saute-en-banc », c'est-à-dire fait des acrobaties, des tours) ou *baladin* (de *balar* : « danser »). La balade, promenade sans but précis, est-elle une sorte de danse ? Vous verrez avec quelle intelligence je décris, dans mon commentaire, les relations entre les artistes, les enfants et les animaux. Vous saluerez ma manière habile de faire plaisir aux professeurs en employant des mots qui font savants tels que *métonymie, synecdoque, connecteurs logiques, modalisateurs*, etc.

C'est vrai : Jeanne n'est pas modeste. Mais quel commerçant vendrait ses produits s'il clamait partout qu'ils sont nuls ?

II

Ces petits travaux interdits ne m'ont pas rendue riche, loin de là. Je vous l'ai dit : mes jeunes clients n'ont pas les moyens de me payer beaucoup. Tom et moi n'aurions pu survivre si je n'avais pas, peu à peu, diversifié ma production pour attirer un public moins pauvre.

Je me suis demandé : qu'est-ce qui intéresse les adultes ? Pour quels textes sont-ils prêts à payer cher ?

Une rapide enquête m'a appris que l'amour venait au premier rang de leurs obsessions.

Voilà pourquoi j'ai, tout en menant à bien ma classe de première L, constitué un catalogue de lettres correspondant à toutes les situations, ou presque :

– le petit mot après la rencontre (un texto suffit) ;
– la déclaration (sobre mais claire) ;
– l'invitation en vacances ;

*vraiment merveilleux
et visionnaire discours!!!*

**CHAÎNE
PARLEMENT**

— la proposition de passer une nuit ensemble dans la maison laissée vide par les parents (« J'espère que je peux te faire confiance ») ;

— des excuses bidons, pour renouer après une brouille ;

— l'appel au secours du (de la) meilleur(e) ami(e) ;

— la rupture ;

      a) vraie : définitive ;

      b) fausse : on laisse une porte ouverte.

L'autre passion des adultes, au moins de certains d'entre eux, c'est le pouvoir. Vouloir présider, diriger, gouverner les autres.

C'est ainsi que j'ai pris contact discrètement, ô combien discrètement, avec les hommes et femmes politiques.

Je me souviens de mon premier contrat. En regardant la chaîne de télévision qui retransmet les séances de notre Parlement, j'avais repéré un député particulièrement nul. Je lui ai envoyé une lettre le félicitant pour son mer-veil-leux, oui vraiment merveilleux et vi-sion-naire discours (je n'avais rien entendu de plus ennuyeux, de plus

17

besogneux, de plus pitoyable). Il faut avouer que le sujet était plutôt technique : quelle qualité de béton choisir pour la digue sud du port ?

Tout en complimentant le député dans ma lettre, je lui ai (très habilement, Jeanne n'est pas née de la dernière pluie) proposé un nouveau discours. J'y évoquais la violence millénaire de la mer, la terreur quotidienne des gens menacés, la dimension chevaleresque de l'opération… Bref, j'avais mis du souffle dans l'exposé.

Il a souhaité me rencontrer.

Quand il m'a vue arriver, il ne voulait pas croire que l'auteur de la lettre soit si jeune et, horreur, une fille. Il a fallu toute ma persuasion et toute ma diplomatie pour :

1. l'empêcher de fuir ;

2. le flatter suffisamment pour qu'il accepte une collaboration avec une moins que rien telle que moi.

III

Merci à ce métier d'écrivain fantôme !

Grâce à lui, je n'ai pas seulement nourri ma petite famille, je ne me suis pas seulement glissée dans la vie des autres (où j'ai appris beaucoup : quel plus bel apprentissage pour une future romancière ?).

J'ai amélioré mon style (même s'il reste encore beaucoup, beaucoup à faire !).

J'ai raccourci mes phrases (jamais plus de deux lignes).

J'ai clarifié mes développements (jamais plus d'une idée à la fois).

J'ai traqué les hiatus, ces inélégantes rencontres entre deux voyelles (par exemple, *je suis arrivée ici hier, ici hier, ihi*).

Surtout, j'ai lutté, je vous jure, lutté de toutes mes forces contre mon défaut majeur que vous avez déjà, oh ma honte ! remarqué : ma passion pour les parenthèses.

Chères parenthèses qui permettent d'intercaler dans la phrase des

île

précisions, des explications, des remarques personnelles !

Mes professeurs m'ont dit, et répété, qu'elles ne sont pas essentielles au sens, qu'elles ralentissent le rythme, qu'elles alourdissent le texte…

Je suis une fille intelligente. Je comprends ces arguments. Alors pourquoi m'obstiné-je dans ma maladie ? Vais-je continuer longtemps à truffer mes écrits de parenthèses ?

Je vais vous répondre.

Car j'ai réfléchi.

Comment expliquer mon étrange amour pour les parenthèses ?

Trois raisons me sont venues.

1. J'ai besoin d'îles. Sans les îles, la mer s'ennuie. Les parenthèses sont des îles dans la phrase, dans le texte.

2. Je suis une prof. J'ai l'enseignement dans l'âme. Les parenthèses permettent d'expliquer.

3. J'ai beaucoup de mal à ne raconter qu'une seule histoire en même temps. Protégée par les

parenthèses, une deuxième petite histoire peut vivre, à l'intérieur de l'histoire principale.

De tout cela je déduis que malgré tous mes efforts et selon toute probabilité je continuerai à trop, beaucoup trop employer mes chères amies parenthèses.

IV

Tom avait beau ricaner, faire le fier, jouer l'in-différent, la mort de son cher M. Henri l'avait dévasté. *Dévasté* : ce mot est le plus juste pour décrire l'état de mon frère. Dans la langue française ancienne, *vaste* veut dire « désert ». *Dévasté*. Celui qui a perdu quelqu'un qu'il aimait erre dans un *vaste*, c'est-à-dire dans un désert.

Souvent Tom partait, l'air sombre, avec sa guitare, et revenait les larmes aux yeux. Une fois, trop inquiète, je l'ai suivi. Il m'a conduite jusqu'au cimetière. Je me suis cachée derrière l'église. Tom s'était assis, sans vergogne, sur la tombe de son vieil ami et lui parlait, comme avant. Il lui contait par le menu les dernières nouvelles amoureuses de l'île, ces petits potins qui avaient toujours enchanté son vieil ami.

Monsieur Henri, tu ne le croiras pas mais le capitaine du ferry est fou d'une rousse de seize ans.

Monsieur Henri, j'ai appris que, depuis vendredi dernier, Pomponnelle, la femme du boulanger, ne met plus de soutien-gorge.

Monsieur Henri, figure-toi que, avant de rejoindre son mari, Mme Le Fur, la prof de gym, se promène sur la plage tous les soirs, avec son élève le plus doué, Mathieu ; ils se tiennent par la main ; ils ne se rendent même pas compte qu'ils marchent sur des crabes.

Sa chronique achevée, Tom demandait des conseils musicaux : monsieur Henri, que penses-tu de ce doigté ? Monsieur Henri, cet enchaînement, pourquoi je n'y arrive pas ?

Sans M. Henri, mon frère était perdu. C'est pourquoi il s'était mis au solfège. Il devait se dire que, grâce au solfège, il pourrait lire les partitions laissées par le musicien et, ainsi, garder le contact. M. Henri avait toujours été du genre paresseux-qui-travaille. Entre deux parties de boules, deux parties de cartes, deux dégustations de rosé, il avait écrit mine de rien des milliers, oui, des milliers de mélodies que personne n'avait jamais entendues : un trésor !

Au début, Tom avait travaillé en cachette. Mais la cloison est si mince, qui sépare nos deux chambres, que le secret n'a pas duré longtemps. Je passe sur les répétitions exaspérantes, ces notes jouées et rejouées cent fois, mille fois. Un tic-tac, surtout, me rendait folle. On aurait dit le vacarme d'un gros réveil. Un jour, je n'ai plus résisté, je suis entrée comme une furie. J'ai saisi la machine d'où venait le tic-tac, une petite pyramide en bois. Tom a hurlé, en me l'arrachant des mains.

– Mon métronome !

– Ton quoi ?

– Et ça prétend connaître les mots ! Un mé-tro-no-me, ignorante, c'est une sorte de pendule. Elle marque la mesure.

– Ça veut dire quoi, « la mesure » ?

– J'ai honte, je frissonne d'avoir le même sang que toi, je sens que je vais vomir…

– Explique d'abord !

– La mesure, c'est le rythme ! Évidemment, que connaît du rythme une fille à la tête pleine de livres ? As-tu un cœur d'ailleurs, un cœur qui bat ?

Quand nous étions plus jeunes, Tom avait l'habitude de déchirer brusquement mon tee-shirt. « Je m'inquiète

pour tes seins. Tu es vraiment sûre qu'ils poussent ? » Une bataille féroce s'ensuivait, qui pouvait durer des heures.

Mais nous avions pris de l'âge. Nos disputes duraient moins. Nous redevenions tout de suite des alliés, mieux : des complices. Il décida de devenir mon professeur.

– Jeanne ! Combien y a-t-il de figures du silence ?

– Sept.

– Bravo ! Combien vaut un demi-soupir ?

– Une croche.

– Que vaut une ronde pointée ?

– Le point de prolongation se place après une note et augmente cette note de la moitié de sa durée. Donc, laisse-moi calculer, si une ronde vaut deux blanches, une ronde pointée vaut... trois blanches.

– Jeanne, tu m'impressionnes !

– Quelle complexité, la musique !

– Quelle intelligence, tu veux dire ! Autrement plus riche et plus libre que le langage des mots ! Parler ou écrire d'ailleurs, c'est pour les nains, pour ceux qui n'ont pas reçu le don de la musique !

– Merci pour moi !

– Allez, allez, Jeanne! Pas de susceptibilité, aujourd'hui. Je suis de très bonne humeur. Sais-tu qu'un écrivain argentin, Ricardo Güiraldes, avait proposé de remplacer toute la ponctuation par les signes musicaux ?

J'ai haussé les épaules et j'ai quitté la pièce. Je n'aime pas trop quand mon frère triomphe. Ce soir-là, je me suis endormie tard. Je repensais à la suggestion de ce M. Güiraldes.

Quelle bonne idée !

Et le lendemain, pour m'amuser, et sans bien sûr le montrer à Tom, j'ai écrit en langage musical le discours que je préparais pour le maire de la ville.

Mesdames ♪ messieurs ♪ chers amis ♪
En cet instant décisif pour notre cité ▬ je voudrais ▬ vous dire ceci ▬

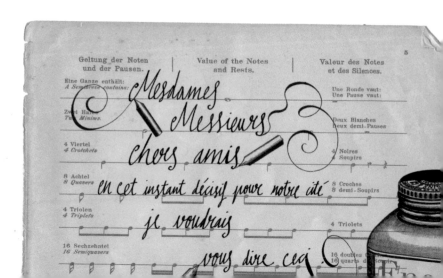

V

C'est à cette occasion, l'élargissement de ma clientèle au monde politique, que l'importance de la ponctuation m'a sauté aux yeux, ou plutôt aux oreilles.

Qu'est-ce qu'un discours ?

Une sorte de chanson, où la musique (le ton, le rythme) joue un rôle aussi grand que les paroles. Un discours s'écrit en parlant, en parlant fort. Les mots ressemblent à de jeunes oiseaux : ils doivent être lancés dans l'air pour vérifier s'ils savent voler. Si les mots s'écrasent, il faut en changer.

Pour ne pas gêner Tom dans son travail musical, je sortais. Et c'est sur la plage, en seule compagnie des palmiers, des sternes, des frégates et des paille-en-queue que je gueulais mes textes.

Un jour, j'ai entendu un tam-tam. Je me suis retournée. C'était Tom. Sans rien dire, il m'accompagnait.

Monsieur le Président (chiquenaude sur le

djembé), mesdames et messieurs les députés, chers confrères (double chiquenaude),

Ça suffit ! (frappe violente) On nous a trop promis ! (idem) trop menti ! (idem) Nous réclamons, que dis-je ? nous exigeons l'ouverture immédiate de deux fontaines publiques dans le quartier de Bonaventure (roulements menaçants). Qu'est-ce que l'eau pour un être humain ? (frôlements rappelant le ruissellement) Etc.

J'ai modifié mes phrases. Coupant les unes, allongeant les autres.

Un grand succès s'en est suivi pour mon client, le député idiot.

Vifs applaudissements de sa dernière phrase et félicitations chaleureuses à sa descente de la tribune.

– Quel discours, cher collègue !

– Quelle force, quel rythme !

– Qui t'a changé ? Dis-moi, mon grand, tu ne serais pas amoureux ? En tout cas, te voilà devenu une bête de scène.

Moi, perdue toute petite dans les tribunes et folle de fierté, j'avais envie de me lever et de crier : je m'appelle Jeanne, c'est moi l'auteur !

J'ai réussi à me contrôler.

Enivré par ce triomphe, le député idiot s'est cru capable de continuer seul. Je veux dire sans le secours du duo magique Jeanne (pour le texte) et Tom (pour le rythme). Il a déclaré n'avoir plus besoin de mes services. À son discours suivant, ses amis députés l'ont retrouvé tel qu'ils le connaissaient depuis toujours : nul.

Qu'importe !

D'autres clients, d'autres hommes et femmes politiques l'ont remplacé. Et moi, j'étais entrée dans l'univers de la musique.

Je relis mon journal de ce temps-là. J'y ai noté une remarque de Tom : « Les êtres humains ont dû apprendre *en même temps*, tu m'écoutes Jeanne ? *en même temps* à parler et à chanter. »

Alors comment pourrais-je continuer à employer des mots sans musique ?

VI

On a tous de drôles d'amis, des amis que nos autres amis détestent, des amis dont nos autres amis nous disent : mais vraiment, sois franche, qu'est-ce que tu lui trouves ?

Ce drôle d'ami pour moi, c'est la grammaire.

La grammaire essaie de mettre de l'ordre dans le grand peuple des mots. Si on ne leur imposait pas des règles, ils iraient n'importe où, les mots. Ils s'assembleraient n'importe comment. Et plus personne ne se comprendrait. Ou alors ils resteraient chacun dans son coin, ils refuseraient de former des phrases. Quel dommage ! Quel gâchis ! La grammaire rapproche, la grammaire relie, la grammaire accorde.

Maintenant, vous comprenez pourquoi je l'aime ?

Or, ces derniers temps, je la sentais gronder, ma drôle d'amie grammaire.

– Tu m'oublies, on dirait. Il n'y en a que pour le solfège... Moi aussi, j'ai des choses à dire sur le rythme ! Étudie la ponctuation, et tu verras.

La ponctuation ? Jusqu'alors, je saupoudrais mes textes de virgules et de points. Un peu au hasard, il faut l'avouer. Pour rassurer mon amie, je décidai d'aller y voir de plus près.

« La ponctuation est un système de signes qui servent à indiquer les divisions d'un texte... »

Plutôt obscur. J'ai poursuivi ma lecture. Jeanne est une obstinée.

Et, brusquement, une phrase m'a fait sursauter :

« La ponctuation sert aussi à noter certaines nuances affectives. »

« Nuances affectives » ? La ponctuation avait-elle été inventée pour exprimer les sentiments ?... Je me frappai le front : ne venais-je pas de faire la triste, triste expérience du point final ? Cette fois, pas de doute, j'étais concernée. Vous le savez bien, Jeanne est une fille qui ne pense qu'à aimer.

Une idée m'est venue : j'allais chercher en moi ce que chacun des signes de ponctuation représentait.

Derniers instants de mon voyage en Inde à la poursuite des accents enfuis[1]. L'aéroport de New Delhi.

---

1. Voir *La Révolte des accents*, Stock, 2007.

Dans cet aéroport, la salle d'embarquement 23. Une vitre au verre très épais la divise en deux parties.

D'un côté de la vitre (côté départ), le visage d'une fille française très moche car au bord des larmes (moi, Jeanne).

De l'autre côté de la vitre épaisse, le visage d'un garçon prénommé Amitav. Des yeux noirs chauds comme le feu. Un sourire d'une douceur de cachemire, un sourire qui, désormais, illuminera ma vie, même dans les pires grisailles du sinistre mois de février. Et des lèvres qui me parlent et me parlent et me parlent, faute de m'embrasser et même si je n'entends rien, à cause de cette satanée vitre épaisse. S'il faut résumer, puisque le temps presse : le visage de mon premier amour.

Qu'est-ce qu'un point final ?

Une voix criarde et grésillante qui, d'un haut-parleur, vous tombe dessus en trois langues, dont vous ne comprenez qu'une, l'anglais. Une voix qui ne se rend pas compte du mal qu'elle fait. Car, sitôt la voix éteinte, les passagers s'alignent devant un comptoir, tendent une carte blanche et un à un disparaissent, avalés par un vieil autobus, aussi vieux que le haut-parleur (ils doivent appartenir à la même famille).

Qu'est-ce qu'un point final ?

La même voix grésillante qui reprend : Miss, miss !

Laquelle voix ne peut plus s'adresser qu'à vous puisque, vous exceptée, la salle d'embarquement n° 23 est vide.

L'heure est venue, vraiment venue de repartir pour Paris. Vous vous sentez animal, un animal qui va vers l'abattoir. Cet animal que vous êtes devenu se répète qu'il va mourir. Cet animal est logique. Quelqu'un qui perd sa raison de vivre commence à mourir. Puisque je perds Amitav, mon cœur va s'arrêter.

Une dernière fois vous vous retournez. La vitre trop épaisse n'empêche pas la douceur, le sourire d'Amitav de venir jusqu'à vous. Une dernière fois vous sentez sa chaleur.

– Miss, miss, supplie la jeune dame derrière le comptoir. *Everyone is waiting for you*, tout le monde vous attend.

Une voix furieuse sort de l'appareil noir, genre talkie-walkie, qu'elle tient de sa main droite. Alors la jeune dame devient furieuse à son tour, sort de derrière son comptoir, vous saisit le bras et vous entraîne vers le vieil autobus où la chaleur est infernale, où tous les visages ruissellent de sueur et se tournent vers vous et vous haïssent comme on ne vous a jamais haïe. Et les portes sales du vieil

33

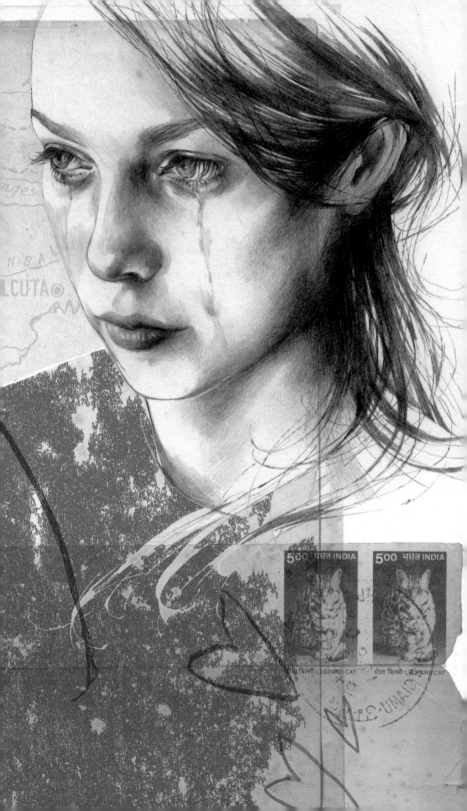

autobus torride se ferment. Dans un grondement d'éruption volcanique, le vieux bus s'ébranle. Je ne pleurerai pas. J'aimais Amitav. En me mordant les lèvres au sang, j'ai réussi à ne pas pleurer. Amitav m'aimait. L'avion a décollé. Je ne pleurerai pas. Ainsi, puisque nous n'habiterons jamais au même endroit du monde, ainsi s'achève mon premier amour. Amitav.

Point final.

J'ai replongé dans mes souvenirs de cet horrible voyage. Les cinq hôtesses et le charmant steward ne méritent aucun reproche. Ils ont fait tout leur possible.

Mais les passagers du vol AF 217 Mumbai-Paris dépassaient l'imaginable en impolitesse, malpropreté et nuisance sonore. Ma seule espérance était qu'une caméra nous filme : au moins nous serions entrés dans le livre des records, catégorie cauchemar. Normalement, nous aurions dû tous dormir. Les cinq hôtesses et le très charmant steward avaient très consciencieusement baissé les petits rideaux de plastique qui masquent les hublots.

– Bonne nuit, nous avaient-ils souhaité. Un petit déjeuner vous sera servi dans six heures.

Et la lumière s'était éteinte.

Sans calmer personne.

En toute honnêteté, je ne peux parler que de ma tranche d'Airbus, rangées 20 à 35.

Premièrement, un passager adulte sur trois (!) avait choisi de regarder un film. D'où cinquante écrans allumés. Hélas, ces cinéphiles ne comprenaient pas le fonctionnement de la télécommande. Donc ils appelaient, protestaient, s'énervaient. Surtout, ils ne s'enfonçaient pas correctement les écouteurs. Je ne leur jette pas la pierre : les oreilles des Indiens débordent de poils. Comment voulez-vous y faire entrer un corps étranger ? Résultat n° 1 : ils poussaient à fond le son. Résultat n° 2 : cacophonie.

Deuxièmement, ces passagers avaient pour la plupart des enfants, beaucoup d'enfants. En avion, un enfant est un ange ou un diable, pas de milieu. Je reviendrai plus tard sur ce sujet.

Troisièmement, ces passagers, du moins ceux de ma tranche 20 à 35, avaient continuellement faim et soif. Au début, ils avaient à tout bout de champ sonné les hôtesses, les pauvres ! Maintenant, elles ne répondaient plus. D'où remue-ménage, enjambements, écrasements de pieds, odeurs de pets quand un gros cul vous passe et repasse juste sous le nez…

Pour ma part, je vivais un concentré de ce cauchemar.

Dans ce capharnaüm, coincée que j'étais à la pire place qui soit, 25E, c'est-à-dire au milieu de la travée centrale. Écrasée sur ma gauche (25D) par une dame énorme et grignoteuse de chips (chaque fois que je croyais le supplice achevé, elle sortait de son siège un nouveau paquet). Agressée sur ma droite (25F) par une terreur, un gamin blondinet aussi joli que sournois, sans aucun doute adepte du karaté tant il multipliait les assauts-coup de coude, coup de pied, coup de tête (aucun soutien à attendre de son père : il s'était endormi dès le décollage et jamais réveillé même quand, par trois fois, j'avais cruellement pincé son infernal rejeton, déclenchant des hurlements plus stridents que les sirènes des voitures de police new-yorkaises, à tout prendre mieux valait se laisser tabasser). Comment dans ce climat de guerre deux petits, tout petits mots, parmi les plus

brefs de la langue française, comment ont-ils eu le courage de venir dans ma tête et surtout d'y demeurer, malgré les violences dont ils faisaient l'objet ?

Hommage soit rendu à *et* ! Célébré soit *si* !

Et si ?

Et si je manquais trop à Amitav ?

Et s'il venait me voir en France ?

Et si, moi, j'économisais assez pour revenir en Inde ?

Et si...

Points de suspension.

En dépit du capharnaüm, en dépit du bambin karatéka et de la bedonnante grignoteuse, je me mis à sourire. Je souriais, je souriais, je souriais.

Mon amour indien ne s'était peut-être pas achevé dans la sinistre salle 23. Mon amour indien, premier amour, avait une chance de continuer. Certes, la chance était petite, mais peut-on donner une taille à la chance ?

Je me suis précipitée vers mon livre de grammaire pour vérifier les définitions.

Qu'est-ce qu'un point final ?

« Signe qui indique la séparation. » Ou : « Signe qui indique que l'histoire s'achève. »

Qu'est-ce que des points suspensifs ?

«Signes qui indiquent une interruption de l'histoire.»

(Et donc qu'elle pourra, peut-être, un jour reprendre.)

Il suffit à un point d'en ajouter deux autres pour que le final devienne suspensif. Et que l'espoir renaisse.

Amitav, je t'attends.

VII

Je ne suis pas certaine que les filles aiment autant la musique qu'elles le disent. Ce dont je suis sûre, c'est qu'elles préfèrent les musiciens. La promenade des doigts de l'artiste sur les cordes, tantôt lente, si lente, tantôt accélérée les font trembler et glousser comme des dindes. Elles se prennent toutes pour des guitares.

Mon frère Tom croulait sous les fiancées depuis ses dix ans (depuis que M. Henri lui avait appris la musique). Elles nous pourrissaient la vie. À toute heure du jour ou de la nuit (surtout de la nuit), elles se faufilaient chez nous et minaudaient, battaient des cils et trémoussaient leurs petits corps et susurraient :

– Oh, s'il te plaît, joue-moi quelque chose !

– Tu ne m'as pas assez entendu au concert ?

– Justement, tu m'as envoûtée. Mais il y avait tant de monde dans la salle. Tu ne voudrais pas ?

Rien qu'une chanson mais rien que pour moi...

Mon frère s'exécutait. Et la fille remerciait, à la manière dont remercient les filles.

Alors commençait le plus difficile, faire comprendre à la fille :

1. que ce remerciement ne lui donnait aucun droit ;

2. qu'aucun autre remerciement du même genre n'était prévu ni souhaité par mon frère ;

3. que, dans ces conditions, mieux valait s'en aller sans pleurer (surtout sans pleurer : les garçons détestent les jérémiades, particulièrement les garçons musiciens, dont les oreilles sont plus fines).

Étant donné la lâcheté des garçons (surtout des

garçons musiciens), c'était moi, la sœur, qui étais chargée d'annoncer à la groupie le 1 et le 2 et de vérifier que le 3 était suivi d'effets, c'est-à-dire que la fille avait libéré les lieux.

Pas de chance, j'ai la mémoire des prénoms. Pourquoi m'encombré-je la tête de ces syllabes imbéciles ? Sylvie, Martine, Charlotte, Marie, Delphine, Karine, Gwenaëlle, Rachida, Françoise, Vanessa, Lora, Iphigénie, Nathalie, Véronique, Sonia, Marie-Neige (etc., etc.).

Quand je repense à ces années-là, à la ronde de filles de ces années-là, je ne me rappelle pas les visages. Blondes, brunes ou rousses ou décolorées, elles se ressemblent toutes, les folles de musiciens.

Je me souviens seulement des virgules.

Qu'est-ce qu'une virgule, d'après la définition officielle ? «Signe de ponctuation qui marque une pause de peu de durée.»

Qu'est-ce qu'une virgule pour moi ?

L'intervalle de «peu, très peu de durée» qui a séparé Gwenaëlle de Rachida, Vanessa de Lora, le «peu, très peu de durée» entre deux fiancées de mon frère.

Chères et trop brèves virgules !

Quand j'avais réussi à débarrasser mon frère

de sa dernière groupie en date, nous restions seuls, lui et moi, parfois trois, quatre jours. À ne rien faire et surtout pas de musique ou alors seulement quand le vent poussait les sons vers la mer pour ne pas attirer une nouvelle groupie. Nous nous racontions des bêtises. Nous nous disions TOUT, comme doivent TOUT se dire un frère et une sœur qui s'aiment vraiment. Nous tentions d'imaginer la vie de nos parents réconciliés : avaient-ils fini par trouver un endroit de la planète qui leur convienne à tous les deux ? Avaient-ils, une bonne fois pour toutes, cessé de se disputer ? Tom prenait du temps pour moi. Il m'emmenait en bateau. Il m'écoutait sans se moquer.

Quand je vois une virgule dans un texte, je ne peux m'empêcher de penser à ces moments-là de pur bonheur entre Tom et moi. J'aurais tant voulu qu'elles durent, ces virgules, qu'elles gagnent en *durée*.

Hélas, la musique revenait. Et avec elle l'essaim de guêpes, les folles de musiciens.

Un jour, j'ai fait part de mes découvertes grammaticales à Tom. Je lui expliqué le sens qu'avait pris pour moi le mot *virgule* : un espace de paix familiale entre deux fiancées hystériques.

– Ma pauvre Jeanne ! Tu ne serais pas tout à fait

frustrée, par hasard ? Tu vois des sentiments partout. Apprends la guitare, ça te calmera.

Je l'aurais tué ! Heureusement je ne lui avais pas parlé d'Amitav.

VIII

Cher Président Bonaventure !

Je le comptais parmi mes clients depuis déjà deux ans. Durant sa campagne électorale contre l'odieux Nécrole[1], j'avais rédigé son programme (« L'île est notre bateau. Naviguons tous ensemble vers la liberté... ») et de nombreux discours (sur la nécessité d'installer des égouts, sur la prime aux ventilateurs pour les femmes enceintes, sur la réforme de la culture des piments, sur la relation avec les États-Unis d'Amérique...).

C'est à cette occasion que j'avais appris à user et abuser des guillemets, ces bêtes très bizarres qui, comme les parenthèses, vont toujours par paires.

Guillemets.

Ce nom charmant viendrait de leur inventeur,

---

1. Voir *La grammaire est une chanson douce*, Stock, 2001.

un certain M. Guillaume. Il était typographe, l'un de ces hommes (il y a peu de femmes dans ce métier) qui *composent* les textes, comme on compose de la musique. Ils choisissent la taille et la forme des lettres avant de les *mettre en page*. Les guillemets ressemblent à des accents circonflexes, ou des chapeaux, à demi renversés. Ils annoncent le plus souvent une citation et, comme ils sont polis, ils en saluent l'auteur. Pour saluer on soulève son chapeau, non ? Et quand la citation est finie, nouveau salut, nouveau coup de chapeau. Exemple : « L'État, c'est moi. » Comme le disait le roi Louis XIV.

À l'époque, le Président, qui n'était que candidat, n'avait pas été pourri par l'orgueil. Il tremblait de trac avant chaque intervention. Utiliser des mots de personnages historiques le rassurait. Il m'en réclamait, encore et encore.

D'où mon emploi immodéré de la trouvaille de M. Guillaume. Je saupoudrais mes textes de citations ; chacune, comme il se doit, encadrée de guillemets. « Le bonheur est une idée neuve » (Saint-Just). « Le soleil ne se couche jamais sur mon empire » (reine Victoria). « Sans la liberté de blâmer, il n'est point d'éloge flatteur » (Beaumarchais).

Depuis l'élection, plus besoin de guillemets. Le Président ne faisait plus confiance qu'à lui-même.

D'ailleurs, à peine installé sur son trône, mon client Bonaventure m'avait oubliée. Aucune surprise pour moi, ni colère. Les gens pour lesquels vous avez écrit vous tueraient s'ils pouvaient. Ils aimeraient tant se prendre pour des auteurs !

Et voilà que le Président s'était rappelé mon existence.

Son appel avait provoqué une petite révolution dans le quartier. Comme nous n'avons pas le téléphone, c'est Serge, le voisin horloger, qui m'avait appelée en hurlant :

– Jeanne ! Le Président pour toi !

Pour la discrétion, c'était raté. Tout le monde sortait de sa maison pour me confier des messages : Jeanne, profites-en pour lui rappeler que nos salaires n'ont pas progressé depuis quatre ans ! Jeanne, demande-lui pourquoi ma mère ne touche plus sa pension. Jeanne, dis-lui que moi, je l'aime et que je prie pour lui tous les jours. Etc.

Bonaventure voulait me parler au plus vite. Pour une raison mystérieuse.

– Je reçois en visite officielle le Président du Sénégal. Je te verrai juste après.

Étant donné l'urgence, ou pour m'impressionner, ou pour m'honorer (mieux vaut tard que jamais…), il m'avait envoyé son hélicoptère personnel.

Voilà pourquoi je me retrouvais maintenant à survoler les eaux turquoise de notre archipel. J'ai beau bien les connaître, je ne peux m'empêcher de frissonner lorsque j'y vois passer et repasser de longues ombres : ce sont les requins.

– Nous approchons, dit le pilote. Le vent était favorable. Il nous a bien poussés dans le dos. Résultat, mademoiselle, nous sommes en avance. Voulez-vous prolonger un peu la promenade ?

Et c'est ainsi que, au lieu de piquer droit vers le palais présidentiel, nous avons suivi la côte et sa triple ligne : verte à gauche (les palmiers), bleue à droite (la mer), jaune au milieu (le sable). Les trois couleurs de notre drapeau national.

Soudain, juste après avoir doublé la pointe nord de l'île, le cap Juliette, une autre ligne s'est ajoutée aux trois autres, une ligne épaisse et noirâtre, juste entre la ligne jaune et la ligne bleue.

J'ai interrogé le pilote.

– Pollution, mademoiselle. Encore un de ces salauds de pétroliers qui a vidangé ses cuves ! Mais, regardez, nos tracteurs sont déjà au travail. Dans quelques heures, il n'y paraîtra plus rien.

Je me retournai. Cette pollution ne ressemblait pas à celles que j'avais pu observer si souvent à la pointe de la Bretagne chaque fois qu'un tanker coulait. Sa ligne était trop régulière, elle paraissait moins gluante et, contrairement à tout ce que j'avais vu ailleurs, on ne distinguait aucun oiseau prisonnier de cette affreuse confiture. Étrange… Je ne sais pas vous. Moi, je supporte de moins en moins le mal qu'on fait à notre planète. Que va-t-elle devenir si nous n'en prenons pas mieux soin ? Et où vivrons-nous si elle devient invivable ? Ma décision était prise. Sitôt achevé mon travail avec le Président, je me rendrais sur cette plage pour en avoir le cœur net.

IX

Dans la cour du palais, je m'étais jointe à la petite foule de journalistes. Le Président du Sénégal prenait congé. Dix fois, cent fois, pour la meute des photographes, il serrait et re-serrait la main de son confrère Bonaventure. Cet homme d'État africain avait une particularité, rare chez les politiciens : il écrivait des poèmes. Et, rareté encore plus précieuse, ses poèmes étaient amples, sensuels, libres…

Quand la vie me semblait trop morne et trop mesquine, j'avais pris l'habitude de me lire à haute voix l'un de ses textes. Et il me semblait prendre la haute mer.

Poèmes

Léopold Sédar Senghor

Voici que décline la lune lasse vers son lit
de mer étale
Voici que s'assoupissent les éclats de rire, que
les conteurs eux-mêmes
Dodelinent de la tête comme l'enfant sur le
dos de sa mère
Voici que les pieds des danseurs s'alourdissent,
que s'alourdit la langue des chœurs alternés.

C'est l'heure des étoiles et de la Nuit qui
songe
S'accoude à cette colline de nuages, drapée
dans son long pagne de lait.
Les toits des cases luisent tendrement.
Que disent-ils, si confidentiels, aux étoiles ?
Dedans, le foyer s'éteint dans l'intimité
d'odeurs âcres et douces [1].

Quelle ne fut pas ma stupéfaction de voir soudain ce Président poète se diriger vers moi.

– Mademoiselle Jeanne, n'est-ce pas ? Je m'intéresse à vos travaux. Je suis moi-même grammairien. Vous recevrez bientôt de moi quelque chose qui ne devrait pas vous laisser indifférente.

---

1. Léopold Sédar Senghor, «Nuit de Sine», in *Chants d'ombre*, Le Seuil, 1945.

Et, tandis que tous les regards se tournaient vers moi (« Qui c'est, celle-là ? »), il me salua d'un signe léger, presque amical, et gagna sa voiture.

X

Si le métier d'écrivain fantôme vous intéresse, je vais vous donner un conseil : apprenez à disparaître.

Les plus mauvais d'entre nous aiment trop la gloire. À qui veut les entendre et même aux autres, ils répètent : ce n'est pas lui l'auteur, c'est moi, c'est moi, c'est moi. Ce n'est pas le Président de la République, l'auteur du discours, c'est moi ! Ce n'est pas Robert qui mérite 19,5 pour son devoir ; la meilleure de la classe, c'est moi, Jeanne, puisque j'ai tout rédigé seule, du premier au dernier mot.

Forcément, le Président ou n'importe lequel de vos clients se fâche car partout on se moque de lui : ah bon, vous n'êtes pas capable d'écrire tout seul ? Il est vexé comme un pou, le client, mortifié, humilié. Aucune chance qu'il ne vous signe un nouveau contrat.

Moi, sitôt ma mission terminée, je m'évanouis, je m'efface. Je pose mon crayon ou ma plume et pfuit! plus personne! Le client se retrouve avec les feuilles de son texte bien alignées sur son bureau. Il peut croire au miracle, qu'il a tout écrit lui-même sans aucune aide. Alors, bien sûr, il m'aime.

Je n'ai pas de mal à savoir disparaître. Une fille dotée d'un frère a beaucoup de mal à exister: il n'y en a que pour sa gueule. Entre exister peu, comme c'est le destin d'une sœur, et disparaître tout à fait, la distance est faible, facile à franchir.

Ce soir-là, plus encore que d'habitude, j'ai béni mon génie de la disparition. Car le Président, mon client préféré (je veux dire: le plus important pour mes finances), était d'une humeur massacrante.

– C'est à cette heure-là que vous arrivez, Jeanne? Oh! là, là! comme vous vous habillez mal! J'avais oublié! Enfin, je ne vous ai pas engagée pour votre élégance. Bon, au travail! Savez-vous garder votre langue?

– Obligation professionnelle.

– J'espère pour vous. À la moindre indiscrétion, je vous fais enfermer. Et vous ferez connaissance avec les rats de notre prison. Ils ont toute ma sympathie. Ils détestent les détenus qui parlent trop.

Ils attendent leur sommeil et viennent leur ronger la langue.

– Ils n'en auront pas besoin. Je vous écoute.

– Voici la raison pour laquelle vous êtes là. Lors de ma tournée officielle en Asie…

La vanité des chefs d'État est sans limites, quelle que soit la taille de leur État, immense ou minuscule. J'ai failli montrer mon amusement. Mais je préfère sourire à l'intérieur. Je suis spécialiste des sourires invisibles. Je ne suis pas aussi sérieuse que j'en ai l'air. Quand quelqu'un m'aura assassinée, quand on fera mon autopsie, quand on ouvrira mon corps, on y trouvera des sourires, une foule de sourires que personne n'avait devinés. Revenons à mon client.

– Vous m'écoutez ?… J'ai rencontré la reine du Pakistan.

– Félicitations !

– Cette reine, superbe je dois dire, est aussi une femme.

– Je m'en doute !

La remarque m'avait échappé. J'ai scruté le visage du Président. Rien. Aucun signe d'agacement. Mon ironie lui avait échappé. Il souriait béatement.

— Pourquoi se cacher la vérité ? Je ne suis pas laid. Si vous m'aviez connu plus jeune… Il m'arrive encore de séduire. J'ai l'impression, plutôt la certitude…

Décidément, le Président était follement épris. L'utilisation trop fréquente des points suspensifs est le signe d'un amour qui voudrait bien commencer (ou ne veut pas finir, comme le mien).

J'ai regardé le Président très sérieusement, je veux dire que j'ai rassemblé tout le sérieux que j'ai pu trouver en moi pour le mettre dans ce regard :

— La reine du Pakistan a un penchant pour vous ? Ça ne m'étonne pas.

(Il faut toujours flatter la clientèle, règle numéro un de tous les commerces.)

— Merci, Jeanne ! À la différence de tous mes conseillers, vous, vous me comprenez. La situation est délicate. Je ne dirige qu'une petite île. Le Pakistan possède l'arme nucléaire. Comment faire comprendre à la reine d'un pays si puissant que son attirance est partagée ?

— Délicat, en effet délicat !

Je tiens trop à ma langue. Je ne veux pas que des rats la rongent. Vous ne saurez rien de cette déclaration d'amour international.

Apprenez
s e u l e m e n t
qu'après l'avoir
écrite (c'était facile pour
moi : l'Inde d'Amitav est
voisine du Pakistan de la reine. Il me suffisait de
transposer…), au moment où le chef de l'État m'a
demandé ce qu'il me devait, j'ai baissé les yeux,
rougi (je rougis sur commande, ça impressionne)
et balbutié :

– Rien

– Comment rien ?

– Je ne fais jamais payer les histoires d'amour.

Règle numéro deux du commerce : fidéliser la
clientèle par des réductions de prix aussi impré-
visibles que radicales.

À peine le dernier mot écrit de la lettre d'amour
international, je me suis éclipsée. Juste eu le temps
de remarquer un oiseau qui tapait du bec contre
la vitre.

Peut-être, pour envoyer un message aussi
secret, le Président avait-il jugé que ni la Poste,
ni Internet, ni la valise diplomatique n'étaient
assez fiables ? Peut-être avait-il choisi la bonne
vieille méthode : le pigeon voyageur ?

C'était son affaire.

Il ne me restait qu'à prendre quelque repos avant de m'intéresser à l'étrange, très étrange pollution.

XI

J'ai attendu le cœur de la nuit et je me suis glissée hors de ma chambre. Aux portes du palais, les deux sentinelles dormaient. J'ai quitté la ville. Personne, pas même les chiens insomniaques, ne pouvait entendre les petits pas de mes pieds nus. Je me suis faufilée sans m'attarder entre les palmiers. (J'ai toujours peur qu'une noix ne me tombe sur la tête.) Par chance, aucun vent. Un instant, j'ai cru que le jour s'était levé. J'ai plissé les yeux pour mieux voir. La clarté ne venait que du long croissant de sable entre la forêt et la mer. La plage était déserte, sans autre présence que deux bulldozers géants en apparence endormis. Je ne sais pas vous, moi je crains plus les machines que les animaux. Je crois toujours qu'elles vont se mettre en marche, soudain, sans prévenir, et nous écraser. Ou nous dévorer.

J'ai caressé le flanc des deux monstres.

«Tout doux, tout doux.»

Je me suis approchée du rivage. J'ai allumé ma torche. La ligne noire que j'avais aperçue de l'hélicoptère était toujours là. On aurait dit de la bouillie.

J'y ai plongé la main. Je l'ai retirée en criant.

Je connais le mazout. Je m'attendais à du gluant, du collant, du visqueux. Et voici que je ne rencontrais que du grouillant, du picotant, du chatouillant. J'ai respiré fort, me suis insultée, traitée de lâche et nulle. Je hais les filles qui hurlent de peur devant une souris ou s'évanouissent devant une araignée. Honte à elles! Les garçons ont déjà trop tendance à nous mépriser. J'ai replongé la main, pour prendre au piège un peu de cette matière inquiétante.

Lentement, lentement, j'ai écarté les doigts. Je tenais ma torche entre mes dents. Je me suis penchée.

Ma paume disparaissait sous une tache noire et *vivante*, un fourmillement. Des petites bêtes. J'ai failli tout lâcher, m'enfuir. J'ai résisté. Bravo, Jeanne! C'est mon autre technique quand j'ai peur. Je m'encourage, plutôt je m'en-courage, je demande au courage d'entrer en moi.

J'ai choisi l'une de ces bêtes, la plus grosse, je l'ai saisie entre mon pouce et mon index gauches,

je l'ai approchée de la lampe. La bête a gigoté. Mettez-vous à sa place! La lumière devait l'aveugler. Et là, enfin, j'ai vu, sidérée. Vu qui était ce prétendu insecte. Un mot. *Enchantement*. Un mot qui me regardait. Je ne sais pas si les mots ont des yeux. Et s'ils ont des yeux, j'ignore où ils se trouvent: au sommet des consonnes ou protégés au cœur des voyelles? Mais ce mot-là me fixait, comme un animal qui veut vous dire des choses et que vous ne comprenez pas.

J'ai relâché *enchantement*, j'ai replongé deux doigts.

Un autre mot a surgi, tout étonné de ce regard posé sur lui: *laurier*.

Je me suis reculée. La ligne noire longeait toute la plage, à vue de nez trois kilomètres. J'ai marché. Cinq fois, j'ai recommencé. Cinq fois, j'ai rapporté des mots, d'autres mots: *excréments, remorqueur, rhinocéros*... Combien de mots s'étaient-ils rassemblés là pour former une ligne d'une telle longueur? Des millions peut-être? D'où pouvaient-ils venir? Forcément de la mer.

Je me suis déshabillée. L'eau était très tiède et phosphorescente. La moindre éclaboussure se changeait en gerbe d'étincelles. Il me semblait marcher au milieu de diamants. Pour une fille, enquêtrice amateur, qui voulait de la discrétion,

Paraíso

c'était réussi! Malgré la pénombre, je voyais sur le fond marcher les crabes, s'enfouir les vives, dormir les buccins, fuir les coquilles Saint-Jacques. Mais pas trace du moindre mot. Peut-être ne voyageaient-ils que le jour?

Enfin, de l'autre côté d'un herbier (aux caresses un peu gênantes – délicieuses – pour mes jambes), il m'a semblé apercevoir quelque chose: une masse sombre qui m'avait tout l'air d'une épave. La marée était au plus bas. Mi-nageant mi-marchant, je me suis approchée. En écartant de la main des anémones j'ai pu lire un nom, *Paraíso*, et l'indication d'un port d'attache, *Genoa*. J'ai longé la coque, déjà rongée par la rouille. D'un hublot cassé, côté tribord, sortait une algue. Du moins, c'est ce que j'ai d'abord cru. En la saisissant à pleine main j'ai compris mon erreur. La sensation était la même que tout à l'heure sur la plage. La soi-disant algue était une ligne de mots qui s'en allaient rejoindre leurs camarades, là-bas le long du rivage. Comment tant de mots s'étaient-ils retrouvés dans ce navire naufragé? Qui les avait retenus prisonniers?

Bien sûr, j'ai tenté de pénétrer dans le bateau. J'ai poussé de toutes mes forces plusieurs portes. Aucune n'a cédé. Épuisée, j'ai abandonné. Non sans promettre à *Paraíso* et aux mots qu'il contenait de revenir. Quand je suis arrivée sur la plage, le jour se levait, les bulldozers reprenaient leur travail. Les conducteurs ont sauté de leurs machines et m'ont facilement rattrapée. Une demi-heure plus tard, je croupissais en prison.

Les rats n'ont pas eu le plaisir de me ronger la langue. J'ai tellement tempêté, tellement affirmé que le Président était mon ami et qu'il m'attendait et qu'il serait furieux de mon retard... On m'a conduite au palais. Non sans me menacer des pires supplices si j'avais menti.

XII

– Jeanne ! Pas trop tôt ! Où étiez-vous donc ?

– J'étais… retenue.

– C'est intolérable. J'ai payé. Enfin, non, je n'ai encore rien payé, mais je vous veux disponible vingt-quatre heures sur vingt-quatre.

J'ai failli répondre et puis je me suis tue. La curiosité l'emporte toujours chez moi sur la colère.

– Que vouliez-vous de moi si vite, monsieur le Président ? Pourquoi une telle urgence ?

– La reine du Pakistan… Elle n'a pas répondu.

– Vous êtes certain qu'elle a reçu notre, je veux dire votre lettre ?

– Certain. La reine n'a pas compris la vérité de mon amour. Je le savais : votre texte était mauvais. Il faut recommencer. Vos phrases étaient trop compliquées. Oh, que je suis malheureux, si vous saviez ! tellement malheureux…

C'est alors, alors seulement, qu'il m'a regardée. Coup d'œil rapide mais suffisant pour constater l'état déplorable dans lequel je me trouvais : cheveux gris de sel, mains noires de crasse, jeans déchirés.

– Mais d'où venez-vous ?

– De votre prison préférée.

Je lui ai raconté ma découverte et mon arrestation.

– Des mots, sur la plage ?

D'abord il n'a pas voulu y croire. Il me dévisageait, me prenait pour une démente. Et puis un éclair a traversé ses yeux.

– Des mots… sur la plage… donc venant de la mer. Se pourrait-il ? Alors on m'aurait trompé… Ah, les néfastes, les malfaisants !

Il s'est saisi d'un téléphone, il a hurlé : « Ma voiture ! »

L'instant d'après, nous roulions à tombeau ouvert. Le Président pensait tout haut, il injuriait plutôt, ah, les nuisibles ! ah, les maléfiques ! j'aurais dû mieux purifier mon administration… si c'est ça, ils vont payer !

Moi, je me taisais. Règle numéro trois pour un bon écrivain fantôme : attendre. Attendre que le client réponde de lui-même à la question que vous ne lui avez pas posée.

Arrivé sur la plage, il se précipita vers les bulldozers. Leurs conducteurs, ayant reconnu la Mercedes officielle, avaient interrompu net leurs travaux. Les pelles géantes attendaient en l'air, un peu menaçantes, tout à fait grotesques. Le chef de chantier, un géant rouge – tout était rouge chez lui, les cheveux et la peau, on aurait dit un homme-coup de soleil –, avait sauté au bas de sa machine et s'était mis au garde-à-vous.

Mon client-Président lui désigna la ligne noire.

– Montrez-moi !

– Pardon, monsieur le Président ?

– Ramassez-m'en un morceau et montrez-le-moi !

Le chef de chantier remonta sur son engin et s'exécuta en tremblant. Le bulldozer revint. La pelle s'abaissa devant le Président.

Son examen ne fut pas long. Il gronda.

– Et tu appelles ça du mazout ? Tu oses appeler ça du mazout ? Qui te paie ?

L'escorte arrivait, mieux vaut tard que jamais, deux pick-up remplis de soldats. Ils se saisirent du chef de chantier.

Le Président s'était écarté. Il marchait le long de la mer. Il murmurait. J'ai tendu l'oreille. Vous n'allez pas me croire. Il ne faut désespérer de personne, pas même des chefs d'État. Il disait «pardon», oui, «pardon» aux mots. Au nom de l'île tout entière, il présentait ses excuses aux mots pour la façon dont on les avait traités. Je l'aurais embrassé. Il avait oublié la reine du Pakistan.

Il s'est retourné.

– Jeanne, conduis-moi à ton épave.

L'avantage du métier de Président (ou de fée), c'est de changer immédiatement vos rêves en réalité. Baguette magique du pouvoir. À peine avez-vous souhaité une chose qu'elle arrive. Une demi-heure plus tard, nous avions embarqué sur

DANS L'OCÉAN

ÉSEMPARÉ ET ASSAILLI PAR UN ÉPOUVANTABLE RÉCIF

Commandant A. F. Mat.

une vedette d'exploration sous-marine qui avait pour tout plancher une plaque de verre.

Tout en scrutant le fond de l'eau, mon client-Président m'a raconté ce qu'il devinait.

– Aucun dictateur n'aime les livres, Jeanne. Car les livres aident à rêver, à réfléchir et donc à critiquer. Quel besoin de rêver, pensent les dictateurs, puisque la société que j'ai créée est la meilleure possible ? Quel besoin de réfléchir puisque je décide tout pour vous ? Quant à la critique, je ne l'accepterai jamais.

Nécrole, en dictateur efficace, avait fait ramasser par ses policiers tous les livres. Il avait ordonné de les brûler, y compris ceux de notre bibliothèque, de véritables trésors. Au lieu de cela quelqu'un, j'en suis sûr, a tenté de les vendre à l'étranger. La mer en a décidé autrement. Ces parages de la côte sont redoutables. Des courants violents entraînent vers les récifs. Le bateau plein de livres a dû faire naufrage, comme tant d'autres.

– Nous y voilà !

La mer avait monté. Mais on distinguait parfaitement l'épave. La fuite de mots continuait.

XIII

Nous sommes revenus sur la plage. C'est alors que j'ai entendu murmurer mon prénom.

– Jeanne, Jeanne…

J'ai regardé partout. L'appel ne pouvait venir que de la bouillie noire.

Maistumedonnerasvatenchétifinsecteexcrément delaterrecestencesmotsquelelionparlaitunjourau moucheronlautreluidéclaralaguerrerepensestului ditilquetontitrederoimefassepeurnimesoucie unbœufestpluspuissantquetoijelemèneàma fantaisie

De nouveau, j'ai avancé la main.

– Ne serre pas trop fort, Jeanne !

– J'étouffe.

– Tu m'écrases !

J'ai ouvert mon poing.

– Merci, Jeanne !

– Maintenant, on respire.

– Mais… comment connaissez-vous mon prénom ?

– Le royaume des mots est petit, Jeanne. Et pas si nombreux ceux qui, comme toi, s'intéressent vraiment à nous…

– Tu nous aimes, donc on te connaît.

– On ne connaît que les gens qui nous aiment. Tu ne crois pas, Jeanne ?

Les soldats et les policiers me regardaient, éberlués. Quelle est donc cette fille qui dialogue avec son poing ? Même le chef de l'État s'inquiétait pour ma raison. Je continuai pourtant ma conversation. Tout gigotants dans le creux de ma paume, mes amis les mots me suppliaient :

– On n'en peut plus, Jeanne !

– On ne se supporte plus !

– Délivre-nous les uns des autres !

– Allez, Jeanne, bouge-toi !

Je leur ai gentiment demandé de se calmer et qu'ils m'expliquent la situation. Et pas tous en même temps ! Dans ma paume, l'agitation des mots s'est encore accrue. J'ai failli les rejeter à l'eau : ils me griffaient trop la peau, juste à l'endroit des lignes de vie. Et puis un certain calme est revenu. Le mot *lion* a pris la parole. Sans doute avait-il été choisi comme délégué.

– Nous avons tout subi, Jeanne ! Arrachés de nos bibliothèques, emprisonnés dans un bateau, coulés dans un naufrage, noyés dans l'eau de mer. Pour beaucoup d'entre nous, avalés par des poissons. Pour les autres, roulés sur le sable, ramassés par les pelleteuses, jetés dans des bennes de camions, comme de vulgaires ordures... Mais il y a pire, Jeanne !

Je me penchai encore, pour mieux voir le mot *lion*. Je lui ai demandé ce qu'il pouvait ajouter de plus terrible à tout ce qu'il m'avait raconté.

– La promiscuité, Jeanne ! Nous n'avons plus d'espace pour respirer, tu vois bien, Jeanne, nous vivons les uns sur les autres, les uns dans les autres, au sens propre, emboîtés, encastrés, imbriqués. Tu veux des détails : j'ai mon nez dans la fesse de mon voisin. Regarde, mais regarde. Tu crois que tu pourrais vivre comme ça, Jeanne, toi qui ne supportes personne dans ta chambre, même pas ton Tom chéri ?

rhinocéroschargèrentàleurtourentrecesfronts baissésdetuveuxsavoirmonnomleplusconnucyclope jemenvaistelediremaistumedonnerasvatenchétif

*insecteexcrémentdelaterrecestencesmotsquele
lionparlaitunjouraumoucheronlautreluidéclarala*

– Il y a pire que le pire, Jeanne ! Les courants nous ont mélangés.

– Tu… peux être plus clair ?

– Dans le bateau, même lorsqu'il a fait naufrage, nous étions chacun dans son livre, chacun dans son histoire. Moi par exemple, le lion, je me promenais dans une aventure racontée par Joseph Kessel.

– Jusque-là, je te suis.

– Lorsqu'en touchant le fond l'arrière du bateau s'est disloqué, l'eau de mer a tout envahi et tout fracassé. Rien n'a résisté, ni les caisses qui contenaient les livres, ni les livres qui nous contenaient. La mer nous a décollés des pages, tu comprends ?

– Je commence…

– Nous avons été emportés, brassés, confondus, amalgamés au hasard… Nous ne formions plus qu'une soupe, la soupe que

tu vois là. Jeanne, si tu aimes les mots – et tu devrais les aimer, parce que, ne l'oublie jamais, nous te faisons vivre –, si tu m'aimes, arrange-toi comme tu peux, fais le grand tri, même s'il fait mal, mais remets-nous chacun dans son histoire. Un mot sorti de son histoire est comme un poisson hors de la mer. Aide-moi, Jeanne, aide-moi. Je veux retrouver l'Afrique de mon histoire !

Je sentais sur moi le regard angoissé du *lion* et de ses voisins les plus proches, le mot *sorcier*, le mot *désennuiera*.

– Avez-vous une idée du nombre d'histoires d'où vous avez été enlevés ? Et si, par chance, vous connaissiez leurs titres, ça m'aiderait. Ça m'aiderait… un peu.

– Comment veux-tu ? À part moi qui suis le lion et qui donc bénéficie d'une tête solide, tous les autres mots ont complètement oublié de quelle histoire ils viennent. Tout le monde dit que tu as beaucoup lu, à toi de le prouver.

– Bon, restez là ! J'ai une idée pour vous démêler. J'ai besoin de passer chez moi et je reviens.

– Ne prends pas trop de temps !

– Juré.

Comme vous l'avez deviné, je n'avais encore pas la moindre idée. Mais j'allais mobiliser toutes les ressources de mon pauvre crâne pour tenter d'en faire surgir une solution. Les mots avaient raison : je leur devais trop. Pas question de les abandonner à leur triste, si triste sort.

XIV

En arrivant à la maison, je trouvai Tom fort excité :

– Dis-moi, qu'est-ce que tu fricotes avec les chefs d'État ? Tu vas encore daigner parler à un vulgaire petit musicien comme moi ?

– Pourquoi ?

– Un bateau rapide vient d'apporter une lettre de la présidence du Sénégal !

Pour une fois, mon frère avait respecté mes affaires : il avait résisté à ses mauvais démons et n'avait pas ouvert mon courrier. Ce qui ne l'empêcha pas de se moquer lorsqu'il découvrit le contenu de la grosse enveloppe. Il faut dire qu'on avait vu plus sexy :

République du Sénégal

Un Peuple - Un But - Une Foi

Primature

Secrétariat général du Gouvernement

Recueil de décrets et de circulaires relatifs à l'emploi de certains mots, des majuscules et des virgules dans les textes administratifs

décembre 1999

– Eh bien, ma fille ! Ça, c'est de la correspondance ! Je te laisse sans regret avec ces mots d'amour.

Il s'en alla, plus ricaneur que jamais. Bon débarras ! Très émue de l'intérêt que me portait ce personnage considérable, je pris connaissance du rapport. Le cœur me battait. Jamais je n'avais eu entre les mains de documents officiels. Il me semblait pénétrer dans les coulisses de l'Administration.

Décret n° 75-1027 du 10 octobre 1975
relatif à l'emploi des majuscules
dans les textes administratifs

LE PRÉSIDENT DE LA RÉPUBLIQUE,

Vu la Constitution, notamment en ses articles 37 et 65 ;
Vu la Cour suprême entendue en sa séance du vendredi 18 juillet 1975 ;
Sur le support du ministre d'État chargé de l'Éducation nationale.

DÉCRÈTE :

Article premier

L'emploi des majuscules dans les textes administratifs de toute nature est réglementé par les dispositions suivantes :

Je ne m'attardai pas. Je poursuivis ma lecture.

Article 2
Adjectif

L'adjectif prend la majuscule quand il est joint intimement au nom propre et fait corps avec lui : les *États-Unis*, le *Cap-Vert* — la *Comédie-Française*, le *Saint-Père*.

Je continuai à feuilleter et tombai sur un merveilleux article 6.

Article 6
Fêtes

Les noms de fête prennent une majuscule :
Premier Mai ;
Lundi de Pâques ;
Jeudi de l'Ascension ;
Lundi de la Pentecôte ;
Journée du Maouloud ;
Journée de la Korité ;
Journée de la Tabaski.

Quelles étaient ces fêtes ?
Il faudrait que je me renseigne.

J'avais toujours rêvé connaître toutes les fêtes du monde.

Quel meilleur moyen d'approcher les secrets d'un peuple que savoir ce qu'il fête ?

C'est une autre circulaire présidentielle n° 1596, en date du 17 juillet 1980, qui réglementait l'emploi des virgules.

Comme j'ai eu souvent l'occasion de le dire en Conseil des Ministres, les membres du Gouvernement chargés de présenter un projet de loi ou un projet de décret ne respectent pas, très souvent, les règles en usage dans la langue française pour l'emploi des virgules. La présente circulaire a pour objet de rappeler, sur ces points, quelques règles essentielles. Elle sera suivie de la diffusion d'un manuel pratique de secrétariat, dont la mise à jour est en cours à l'Inspection générale d'État.

En refermant le recueil, j'étais sidérée et pleine de respect pour ce pays Sénégal où les plus hautes autorités donnaient à la grammaire une telle importance. Mais quelques doutes m'habitaient : pourquoi tant de règles ? Ne pouvait-on pas laisser aux gens plus de libertés dans l'emploi de leur langue ?

Une lettre accompagnait ces textes. Elle répondait à la question que je venais de me poser.

Mademoiselle Jeanne,

*Notre langue n'est pas seulement un moyen
de nous comprendre. C'est un bien que nous
avons tous en partage, les petits comme les
grands, les faibles comme les puissants ; c'est
le ferment de notre unité ; c'est notre « chose
commune » (*respublica *en latin, « république »).
Voilà pourquoi il faut prêter à notre langue
nationale une attention quotidienne,
un soin semblable à celui que nous portons
à notre famille.
Espérant que vous aurez pris intérêt à votre
lecture, je me permets, chère mademoiselle
Jeanne, de vous solliciter.
Accepteriez-vous de rejoindre l'Association
internationale que je viens de créer ? Elle aura
pour objet la défense du point-virgule.
Cher et précieux point-virgule ! Il indique, vous
le savez, chère mademoiselle Jeanne, qu'une
autre partie de la même phrase commence.
En d'autres termes, que vous comprendrez
facilement, vous, la voyageuse : on s'en va
explorer une autre région sans quitter le pays.
Comme l'écrit le grammairien Jacques Drillon,
« le point-virgule relie et ne sépare pas ».
Hélas, ce signe disparaît ! Nos compatriotes*

usent et abusent de la virgule et du point alors
que, bien souvent, c'est l'alliance des deux,
le point-virgule, qui s'impose.
Nous demandons à l'Unesco d'inscrire le point-
virgule sur la liste des espèces menacées au
même titre que le panda géant, le grand requin
blanc, le cacatoès à huppe jaune ou le gecko
à queue feuillue.
Rejoindrez-vous notre Association ?

Croyez à mes sentiments les plus attentifs,

Le Président de la République du Sénégal
Léopold Sédar Senghor

Immédiatement, je répondis au Président : oui,
Jeanne s'inscrivait à son association. Et plutôt
deux fois qu'une !

Et je revins à mes moutons, je veux dire à mes
pauvres amis les mots agglutinés sur la plage.
Comment allais-je bien pouvoir les sortir de
cette mauvaise posture ?

XV

J'ai passé une nuit blanche.

Comment libérer les mots les uns des autres ?

Comment démêler les histoires ?

L'image du bateau naufragé (et des livres prisonniers) passait et repassait devant mes yeux.

J'ai cherché un appui dans la musique. J'ai remis sur le Gramophone les vieux disques de M. Henri.

Et c'est ainsi qu'au matin j'avais ma stratégie.

Pour les bulldozers, j'étais tranquille. Ils se tiendraient sages pendant un bout de temps et ne viendraient plus embêter mes amis les mots. Avant de quitter la plage, j'avais discrètement bourré leurs réservoirs de morceaux de sucre. Je vous donne la recette : rien de tel pour casser un moteur !

*

* *

Le Cargo amoureux, notre bar-dancing, s'était agrandi. Dans un ancien hangar à bateaux, Dario, le patron, l'ancien fiancé de l'inspectrice Mlle Jargonos, avait eu l'idée magnifique de créer un Musée international du rythme. Il y avait rassemblé tous les tambours et tams-tams possibles, les batteries, les cymbales, les caisses claires, les xylophones… Chaque dernier samedi du mois, les musiciens venaient de l'archipel et aussi des autres grandes îles voisines (Cuba, Sainte-Lucie, la Jamaïque). Les concerts mettaient le feu à la région. Par vent portant, on devait entendre la fête jusqu'à New York.

– Bienvenue, mademoiselle, comme vous êtes jolie !

– Dario, arrête tes simagrées !

– Se pourrait-il ? Jeanne ? Ce n'est pas vrai ! Eh bien, dis donc, quelle femme tu es devenue !

– Dario, s'il te plaît ! Le temps presse. J'ai besoin de toi.

– Tu sais bien que pour mon amie Jeanne, je suis toujours là.

En dix minutes, je lui avais expliqué la situation. Deux heures plus tard, il avait constitué un orchestre : une dizaine de musiciens encore ébouriffés et bâillant car arrachés à leur sieste. Et nous voilà partis, serrés les uns contre les autres : dans la pirogue les instruments prenaient toute la place.

Et bientôt nous atteignions la plage où je présentai la « pollution » à Dario.

*quasisanstêteétaittoujoursheureuxdaiderles
nouveauxdegryffondoràtrouverleurcheminmais
peeveslespritfrappeurétaitpirequedeuxportesver
rouilléesetunfauxescaliereusjepeuralorscomment
lesauraisjetoutétaitsirapideetmouvantetsaccadé
lesdeuxautresrhinocéroschargèrentàleurtourentre
cesfrontsbaissésdetuveuxsavoirmonnomleplus
connucyclopejemenvaistelediremaistumedonneras*

vatenchétifinsecteexcrémentdelaterrecestences
motsquelelionparlaitunjouraumoucheronlautre
luidéclaralaguerrerepensestuluiditilquetontitrede
roimefassepeurnimesoucieunbœufestpluspuissant
quetoijelemèneàmafantaisieàpeineilachevaitces
motsqueluimêmeilsonnalachargeencoreunearche
uneautrelécluseunautrepontloinplusloinilappelait
versluitouteslespénichesdufleuvetoutesetlaville
entièreetleciel

– Tu es bien certaine que ce sont des mots ?

Le plus délicatement possible pour, cette fois, ne blesser personne, je plongeai la main dans cette bouillie noire et montrai le résultat de ma pêche :

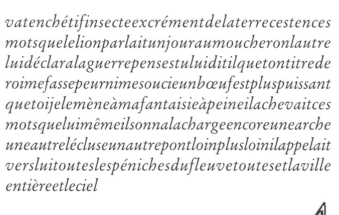

leplusconnucyclopejemenvaisteledíremaistu
medonnerasvatenchétifinsecteexcrémentdelaterre
cestencesmotsquelelion

– OK, ce sont des mots ! Et maintenant, qu'attends-tu de nous ?

– Joue ! Joue pour les séparer ! Joue pour les rendre à leurs histoires !

– Sois plus claire, Jeanne ! Les musiciens ne sont peut-être pas tous des intellectuels, mais ils aiment bien comprendre.

– Chaque livre a son histoire, Dario, tout le monde le sait, même les illettrés. Mais chaque livre a aussi son rythme, sa manière de respirer, lente ou rapide, saccadée, syncopée ou régulière… Et les rythmes sont moins nombreux que les histoires, qui sont en nombre infini. Il y a des livres à deux temps, d'autres à trois ou quatre temps… Il y a des livres-valse, des livres-tango…

Tel était mon espoir : trouver le *rythme* de chacune des histoires dont les mots avaient été chassés. Et, ainsi, redonner à chaque mot la possibilité de rejoindre son histoire.

XVI

Les musiciens avaient commencé par les univers tropicaux, ceux qu'ils connaissaient le mieux : bossa-nova, salsa, calypso... Voyant que rien ne bougeait chez les mots, ils s'étaient aventurés plus loin, dans d'autres rythmes : la polka, la gavotte, le fox-trot, la sardane.

Ainsi passa le premier jour. Sans succès. Aucune réaction chez les mots. Pas le moindre frémissement dans l'amalgame des lettres noires. Les mouettes ricanaient. Et aussi le chef de l'État. Le soir, il était venu dans sa limousine géante constater l'avancement de nos travaux.

– Jeanne, je t'avais bien dit que ton appel au Musée du rythme était une stupidité !

Je pris ma voix la plus suppliante, en battant des cils. Je sais que, d'ordinaire, ça émeut :

– S'il vous plaît, monsieur le Président, donnez-moi encore un peu de temps !

– Une journée, Jeanne. Pas une de plus. Et les bulldozers nous débarrasseront de cette bouillie. Désolé pour tes amis les mots. Je ne suis pas Nécrole, tu sais que je les aime et les respecte tout autant que toi. Mais le tourisme est la principale richesse économique de l'île. Mots ou mazout, nos visiteurs ne font pas la différence. Ils veulent des plages propres !

La limousine géante du Président repartit, longue forme blanche dans la nuit.

Dario avait tout entendu. Depuis le matin, depuis que nous allions d'échec en échec, son sourire n'avait pas cessé de s'agrandir. Mauvais signe. Je le connaissais depuis trop longtemps, je savais ses secrets, tous ses masques. Dario appartient à cette catégorie de personnes qui trouvent impoli de montrer leur détresse. Dès qu'ils sont tristes, ils sourient. Avec un peu d'habitude, on peut mesurer la profondeur de leur mal-être à la taille de leur sourire.

Inutile de vous dire qu'une nouvelle fois je ne dormis pas. Pour prévenir tout mauvais coup de mes ennemis, j'avais décidé de ne pas quitter la plage. Réalité ou cauchemar ? Les mots en fines colonnes, à la manière des fourmis, me rentraient dans la tête par les oreilles ou les narines et grondaient d'impatience :

– Alors, ça vient ?

– Ils sont nuls, tes musiciens !

Le premier frémissement se produisit le lendemain, à 17h22.

Les musiciens commençaient à perdre espoir. Ils croyaient avoir déjà joué tous les rythmes possibles. Dario continuait de fouiller frénétiquement dans les archives de son musée, un coffre de pirate qu'il avait emporté avec lui. Sans y croire, il brandit une très vieille partition.

– Qu'est-ce que c'est que ce torchon ?

– Ce n'est pas un torchon. C'est un parchemin. Le parchemin est l'ancêtre du papier.

– Bon. Et il y a de la musique écrite sur ce… par… chemin.

– Un gitan me l'a vendu très cher.

– Tu t'es fait avoir, Dario. Comme d'habitude.

– Je suis sûr du contraire. Mais j'ai toujours eu peur de la jouer.

– Et pourquoi donc ?

Dario baissa la voix, comme s'il avait honte de ce qu'il allait dire :

– C'est… l'hymne du congrès des magiciens.

Un éclat de rire général accueillit la nouvelle.

– N'importe quoi ! Et on connaît sa date ?

– Sans doute avant Jésus-Christ.

– Pourquoi pas les hommes des cavernes ?

L'orchestre se révoltait. Déjà deux percussionnistes rangeaient leurs tambours. Il fallut toute la ruse et l'obstination de Dario (merci, merci à lui) pour les convaincre.

– Dites la vérité ! C'est que vous avez peur, peur de la magie. Bande de couards !

Ainsi mis au défi, les musiciens ne pouvaient plus reculer. Le parchemin circula. Et l'hymne commença.

Et là, miracle ! Dès les premières notes, une partie des mots se réveilla. On les vit se dresser et, se séparant des autres, avancer vers l'orchestre. Arrivés à proximité, ils s'arrêtèrent. On aurait dit le public d'un concert.

Dario m'appela.

– Jeanne, à toi ! Essaie de reconnaître leur histoire.

Je m'accroupis pour mieux les voir :

*quasisanstêteétaittoujoursheureuxdaiderles
nouveauxdegryffondoràtrouverleurcheminmais
peeveslespritfrappeurétaitpirequedeuxportes
verrouilléesetunfauxescalierilbombardaitlesnou
veauxdemorceauxdecraietiraitlestapissousleurs*

piedsrenversaitdescorbeillesàpapiersurleurtête
ouseglissaitsilencieusementderrièreeuxetleurattra
paitlenezenhurlantjetaieudunevoixperçante

Cette suite ininterrompue ne nous rajeunissait pas ! Il y a deux mille cinq cents ans, les Grecs écrivaient ainsi, sans séparer les mots les uns des autres. Comment faisaient-ils pour s'y retrouver, pour distinguer les phrases dans ce flux continu de lettres ? J'avais appris, ahurie, que les *blancs*, les espaces entre les mots, n'avaient été employés en Europe que vers l'an 800, à l'époque de Charlemagne. Ces *blancs* avaient été les toutes premières ponctuations.

Soudain, une illumination me vint.

– C'est *L'École des sorciers* !

Je n'avais pas pu m'empêcher de crier.

– *Harry Potter* ?

Les musiciens s'étaient arrêtés net, les uns terrifiés (cet hymne était bien celui de magiciens), les autres trop joyeux (retrouver ici, sur cette île perdue, le célébrissime petit garçon au chapeau pointu).

Je les suppliai de reprendre.

– S'il vous plaît, pour séparer les mots, encore un effort.

Ils reprirent l'hymne, en marquant bien les

mesures. Et, nouveau miracle, les mots s'écartèrent les uns des autres.

Quasi Sans Tête était toujours heureux d'aider les nouveaux de Gryffondor à trouver leur chemin mais Peeves l'esprit frappeur était pire que deux portes verrouillées et un faux escalier il bombardait les nouveaux de morceaux de craie tirait les tapis sous leurs pieds renversait des corbeilles à papier sur leur tête ou se glissait silencieusement derrière eux et leur attrapait le nez en hurlant JE T AI EU d'une voix perçante

J'étais tellement fière d'avoir bien répondu à la devinette harrypotterienne que je n'entendais pas protester les mots. Un des musiciens dut me faire revenir sur terre.

— Mademoiselle, mademoiselle ! Pardon de vous déranger, mais il me semble bien que vos amis veulent vous parler.

Je me penchai vers eux :

— Quoi encore ? Vous n'êtes donc jamais satisfaits ?

— Tu ne remarques rien, Jeanne ?

— Tu ne vois pas qu'il nous manque quelque chose ?

C'est alors, alors seulement (honte à moi),

étaittoujoursheureuxdaiderlesnouveauxdegry
erleurcheminmaispeeveslespritfrappeur

ue deux portes verrouillées et un faux escalie

t les nouveaux de morceaux de craie tirait

ous leurs pieds, renversait des corbeilles à papier

u se glissait silencieusement derrière eux et leur

z en hurlant: « JE T'AI EU! » d'une voix perçante.

que je m'aperçus de l'absence de ponctuation. Où avaient-elles disparu ?

On m'expliqua qu'elles avaient été avalées par des poissons.

– Tu comprends, elles sont tellement minuscules ! Quelque-uns d'entre nous ont subi ce même triste sort : des *a*, des *à*, des *y*, les plus petits... Si on veut avoir une chance de survivre dans ce monde sauvage, mieux vaut être grand.

– Ne bougez pas ! Je reviens.

Et je courus en ville. Comme vous pouvez le constater, l'amour des mots est une activité qui ne vous laisse jamais de repos.

XVII

On m'avait indiqué l'imprimerie Garamond,
la seule de l'île, près du stade. Le directeur,
M. Matussière, m'accueillit avec chaleur. Les impri-
meurs et les écrivains, même les écrivains fantômes,
sont des alliés.

C'est lui qui me parla d'un certain Sébastien
Traversière, un maître ouvrier. Il avait travaillé
trente ans comme typographe avant de prendre
sa retraite. Quand l'usine s'était modernisée – je
veux dire : quand l'ordinateur s'y était installé en
dominateur, balayant sur son passage toutes les
anciennes manières de travailler –, on avait failli
fondre toutes les lettres de plomb pour en faire
des tuyaux. Précédemment, c'est avec ces lettres,
l'une après l'autre, qu'on formait les mots, un à un ;
puis on composait chaque page… Vous imaginez
la lenteur du système.

Les signes de ponctuation auraient dû subir le

même triste sort. Un camion s'apprêtait à les charger. Mais M. Traversière avait surgi, informé on ne sait comment :

– Halte-là !

Comme Noé arrachant au déluge les animaux menacés de noyade, il avait sauvé du feu quelques exemplaires de chaque lettre et de chaque signe de ponctuation. Il les avait rapportés chez lui et vivait parmi ce peuple de plomb comme d'autres avec des chats.

Quand je lui proposai de m'aider, il battit des mains :

– Depuis le temps que je voulais leur faire reprendre de l'exercice !

Le voyant rassembler joyeusement l'ensemble de sa collection, je l'avertis que seules les ponctuations m'intéressaient. Pour le moment.

Il fallut promettre aux vieilles lettres que leur tour de promenade viendrait bientôt.

Et nous voilà partis, aussi vite que possible. Nous portions à deux, M. Traversière et moi, le cabas plein de signes car le plomb pèse un âne mort.

De retour sur la plage, qui parut, courant à ma rencontre ? Ce bon vieux Tom. À New York, où il travaillait dans un club de jazz, il avait eu vent de mon aventure.

Il avait sauté dans un avion, avec sa guitare, pour me venir en aide. Preuve que le pire n'est pas toujours certain chez un frère. On peut toujours avoir de bonnes surprises.

Les mots nous attendaient avec l'impatience caractéristique de ces petites bêtes, insupportables enfants gâtés comme vous savez.

– Enfin !

– C'est pas trop tôt !

– Pas possible, ce retard ! Tu t'es soûlée en ville ou quoi ?

Etc.

Ravalant notre envie de les baffer, nous nous sommes mis au travail. Quand M. Traversière appelait un signe, je cherchais dans le cabas et le lui tendais. Il le déposait à l'endroit approprié.

– Donne-moi deux traits d'union. Merci. Comme leur nom l'indique, ils annoncent un lien, à la différence du *blanc* qui sépare. Voilà : Quasi-Sans-Tête. Notre personnage est complet. Et maintenant, Jeanne, une apostrophe. Comment ? Tu ignores ce que c'est ? Une petite virgule qui flotte dans l'air. Elle signale qu'une lettre a disparu, comme un membre amputé. Regarde : au lieu de « le esprit frappeur », on écrit « l'esprit frappeur ». C'est plus doux à dire, non ? J'ai besoin d'une

autre apostrophe. Tu vois, je la place entre « T »
et « AI », pour rappeler qu'on a supprimé un « E ».

– Je ne croyais pas *Harry Potter* si compliqué.

– Au contraire ! Tous ces signes n'ont été inventés que pour faciliter la lecture. Tu as vu comme on avait du mal quand tous les mots étaient collés.

– Vous avez raison.

– Bien sûr que j'ai raison. Regarde :

Quasi-Sans-Tête était toujours heureux d'aider les nouveaux de Gryffondor à trouver leur chemin, mais Peeves, l'esprit frappeur, était pire que deux portes verrouillées et un faux escalier ; il bombardait les nouveaux de morceaux de craie, tirait les tapis sous leurs pieds, renversait des corbeilles à papier sur leur tête ou se glissait silencieusement derrière eux et leur attrapait le nez en hurlant : « JE T'AI EU ! » d'une voix perçante.

– C'est mieux, non ? Il ne nous reste plus qu'à continuer.

– À cette heure ? Vous êtes sûr ?

L'ancien typographe ne sentait plus son âge. Une fièvre l'avait saisi. Il n'écoutait pas les supplications des musiciens.

– Monsieur, s'il vous plaît, mes doigts tombent de fatigue.

– Monsieur, monsieur, on va se plaindre pour mauvais traitements.

– Harcèlement.

– Torture.

– Allons, allons, poules mouillées ! On continue. Qui est-ce qui m'a donné ces mauviettes ? On arrêtera seulement quand on aura nettoyé la plage. Pas question de repos tant qu'un seul mot n'aura pas retrouvé son histoire.

Dario n'avait rien dit depuis quelque temps. Il fouillait dans son coffre. Il brandit un morceau de bois.

– Ce rythme-là vient d'Afrique. Essayons.

Comme pour *Harry Potter*, dès les premières mesures une partie des mots se mit à bouger. Un à un, ils rejoignirent les musiciens.

*eusjepeuralorscommentlesauraisjetoutétaitsi
rapideetmouvantetsaccadélesdeuxautresrhinocéros
chargèrentàleurtourentrecesfrontsbaissésdemonstres
lalandroverviraitsuruneailereculaittournoyait
bondissaitunedéfaillancedumoteurunefausse
manœuvreetnousétionstranspercééventrésempalés
parlescornestranchantes*

Ce n'est pas moi, cette fois, qui trouvai la solution mais l'un des enfants de l'île. Avec ses camarades, il suivait passionnément notre drôle de tri.

– *Le Lion*!

– Quoi?

– *Le Lion* de M. Jo-seph-Kes-sel. Nous l'avons étudié à l'école. Je reconnais les rhi-no-féroces.

Tout le monde éclata de rire et l'orchestre reprit et, de nouveau, les mots s'écartèrent les uns des autres:

Eus je peur alors comment le saurais je tout était si rapide et mouvant et saccadé les deux autres rhinocéros chargèrent à leur tour entre ces fronts baissés de monstres la Land Rover virait sur une aile reculait tournoyait bondissait une défaillance du moteur une fausse manœuvre et nous étions transpercés éventrés empalés par les cornes tranchantes

M. Traversière se remit au travail.

Eus-je peur alors? Comment le saurais-je? Tout était si rapide et mouvant et saccadé. Les deux autres rhinocéros chargèrent à leur tour. Entre ces fronts baissés de monstres, la Land Rover virait sur une aile, reculait, tournoyait, bondissait. Une défaillance du moteur, une fausse manœuvre et

nous étions transpercés, éventrés, empalés par les
cornes tranchantes.

Un des conducteurs de bulldozer remarqua
que les majuscules à chaque début de phrase étaient
aussi des ponctuations : il me semble – pardonnez-
moi si je dis une bêtise, mademoiselle Jeanne – ,
il me semble qu'elles aident l'œil à s'y retrouver.
En me juchant sur la pointe de mes pieds, je l'em-
brassai et, revenue sur terre, saluai l'intelligence
de sa remarque. Je crois bien qu'il rougit.

L'obscurité ne dura pas. Une lune pleine s'était
levée.
Éclairés par elle, nous avons encore réussi à
dégager deux histoires. L'une racontait des aven-
tures très anciennes. Je vous laisse deviner son
titre et le nom de son héros (un rusé parmi les
rusés).

tuveuxsavoirmonnomleplusconnucyclopeje
menvaistelediremaistumedonnerasleprésent
annoncécestpersonnemonnomoui

L'autre histoire, je la reconnus dès son troisième
mot. Je la savais par cœur. Elle me rappelait ma
chère, si chère institutrice Mlle Laurencin.

*vatenchétifinsecteexcrémentdelaterrecestences
motsquelelionparlaitunjouraumoucheronlautre lui-
déclaralaguerrepensestuluiditilquetontitrede roimefassepeurnimesoucieunbœufestpluspuissant
quetoijelemèneàmafantaisieàpeineilachevaitces
motsqueluimêmeilsonnalachargefutlatrompette
etlehérosdanslabordilsemetaulargepuisprendson
tempsfondsurlecoudulionquilrendpresquefoule
quadrupèdeéécumeetsonœilétincelleilrugitonse
cacheontrembleàlenvironetcettealarmeuniverselle
estlouvragedunmoucheronunavortondemouche
encentlieuxleharcèletantôtpiqueléchineettantôtle
museautantôtentreaufonddunaseaularagealorsse
trouveàsonfaîtemontéelinvisibleennemitriomphe
etritdevoirquilnestgriffenidentenlabêteirritéequi
delamettreensangnefassesondevoirlemalheureux
lionsedéchireluimêmefaitrésonnersaqueueàlentour
desesflancsbatlairquinenpeutmaisetsafureurextrê
melefatiguelabatlevoilàsurlesdentslinsecteducom
batseretireavecgloirecommeilsonnalachargeilsonna
lavictoirevapartoutlannonceretrencontreen
cheminlembuscadedunearaignéeeilyrencontreaussi
safinquellechoseparlànouspeutêtreenseignée
jenvois deuxdontluneestquentrenosennemisles
plusàcraindresontsouventlespluspetitslautre quau-
xgrandspérilstelapusesoustrairequipérit pourla-
moindreaffaire*

106

Pour s'y retrouver dans un bloc aussi compact, il fallait plus que jamais des blancs et des signes. Le typographe rayonnait. Plus vite, Jeanne ! Un point d'exclamation. Et maintenant des guillemets. Mon Dieu, que c'est drôle ! Drôle et vrai !

« *Va-t'en, chétif insecte, excrément de la terre !* »
C'est en ces mots que le lion
Parlait un jour au moucheron.
L'autre lui déclara la guerre.
« *Penses-tu, lui dit-il, que ton titre de roi*
Me fasse peur, ni me soucie ?
Un bœuf est plus puissant que toi,
Je le mène à ma fantaisie. »
À peine il achevait ces mots
Que lui-même il sonna la charge,
Fut la trompette et le héros.
Dans l'abord il se met au large ;
Puis prend son temps, fond sur le cou
Du lion, qu'il rend presque fou.
Le quadrupède écume, et son œil étincelle ;
Il rugit, on se cache, on tremble à l'environ ;
Et cette alarme universelle
Est l'ouvrage d'un moucheron.
Un avorton de mouche en cent lieux le harcèle,
Tantôt pique l'échine, et tantôt le museau,
Tantôt entre au fond du naseau.

La rage alors se trouve à son faîte montée.
L'invisible ennemi triomphe, et rit de voir
Qu'il n'est griffe ni dent en la bête irritée
Qui de la mettre en sang ne fasse son devoir.
Le malheureux lion se déchire lui-même,
Fait résonner sa queue à l'entour de ses flancs,
Bat l'air, qui n'en peut mais ; et sa fureur
*   extrême*
Le fatigue, l'abat ; le voilà sur les dents.
L'insecte du combat se retire avec gloire :
Comme il sonna la charge, il sonna la victoire,
Va partout l'annoncer, et rencontre en chemin
L'embuscade d'une araignée :
Il y rencontre aussi sa fin.
Quelle chose par là nous peut être enseignée ?
J'en vois deux, dont l'une est qu'entre nos
*   ennemis,*
Les plus à craindre sont souvent les plus petits ;
L'autre, qu'aux grands périls tel a pu se
*   soustraire*
Qui périt pour la moindre affaire.

Dario s'est approché.

– Vous avez compté le nombre de points-virgules ? Au moins six ! Vous ne trouvez pas qu'il exagère, votre La Fontaine ?

M. Traversière le toisa avec tout le mépris du monde :

– On n'utilise presque plus le point-virgule. On a tort. Il donne du rythme à la phrase, sans la couper. Il la réveille, il la relance.

– Vu comme ça… Je vais m'en souvenir.

L'orchestre rendait les armes. Les batteurs tapaient, mécaniques, sur leur tambour. Le violoniste jouait le nez collé contre les cordes. Il titubait. Tom, quant à lui, dormait, la tête appuyée contre sa guitare. La fatigue de son voyage avait eu raison de lui. Il tenait la main d'une toute jeune trompettiste, elle aussi assoupie. Où avait-il trouvé le temps de lui conter fleurette ? Ô mon frère ! Tous les deux souriaient. Nous approchions de la fin : il ne restait plus que quelques mots sur la plage.

*deloinleremorqueurasifflésonappelapassélepont
encoreunearcheuneautrelécluseunautrepontloin
plusloinilappelaitversluitouteslespénichesdufleuve
toutesetlavilleentièreetlecieletlacampagneetnous
toutquilemmenaitlaseineaussitoutquonnenparleplus*

J'avais reconnu un voyage, le voyage au bout de la nuit d'un écrivain dont le nom est un prénom de femme : Céline.

Le rythme las et saccadé convenait à son histoire. Les mots se sont écartés tranquillement les uns des autres, sans protester :

De loin, le remorqueur a sifflé, son appel a passé le pont...

Le vieux typographe a redressé son dos cassé.
– Et voilà le travail !
Il avait parlé un peu trop fort.
Un peu trop aigu. Un peu trop solennel. Deux ou trois mouettes ont ricané, selon leur habitude.
Mais nous, nous l'avons applaudi.
Il est reparti, sans rien demander, la mine grave, en marmonnant des phrases sur « l'importance de ces choses-là » et « le je-m'en-foutisme de la jeunesse ».
Sa silhouette a diminué, diminué, jusqu'au bout de la plage, jusqu'à disparaître.

Épilogue

Le Lion, Harry Potter, L'Odyssée, Voyage au bout de la nuit...

Et maintenant ?

Je savais bien que jamais je n'en aurais fini avec la ponctuation. Aussi longtemps que je vivrais, et donc aussi longtemps que j'écrirais des histoires, je me battrais avec les signes, je m'acharnerais à bien placer les virgules dans mes textes. Et les points. Et les points-virgules. Sans oublier les tirets, les crochets, les chevrons auxquels je n'avais pas jusqu'ici prêté assez d'attention.

Mais une petite voix me parlait. Elle me venait de tout au fond, là, au milieu du ventre, entre cœur et nombril :

– Toi aussi, tu as une histoire, Jeanne, ton histoire secrète l'heure est venue de la raconter.

J'ai rougi, comme chaque fois que quelqu'un

s'adresse à moi, même si ce quelqu'un qui me parle n'est autre que moi.

C'était le soir, je me souviens, le soir de mon triomphe. Tout le monde m'avait félicitée.

Le chef de l'État, d'abord. Je l'avais impressionné. Sinon, pourquoi m'aurait-il vouvoyée ?

« Bravo ma petite Jeanne, on voit que vous maîtrisez les mots comme personne. Je ne vous lâche plus. Préparez-vous à me rédiger mon discours du 31 décembre, celui des Bons Vœux. Vous ne serez pas déçue par votre salaire ! »

Dario :
« Tu sais ce qu'il m'a dit, M. Henri, juste avant de mourir ? "Je me sens un peu faible, ces temps-ci. Mais sitôt rétabli, je demande à Jeanne de m'écrire une chanson. Cette fille a les paroles dans le sang." »

Mon frère Tom, même lui, a daigné saluer sa sœur :
« Je ne t'aurais jamais cru capable d'une telle intelligence. Tu es la preuve vivante que la musique peut améliorer les cas les plus désespérés ! Tu n'as plus besoin de moi ? Je retourne à New York. »

Mais ce sont les mots, mes amis les mots, qui

se sont montrés les plus reconnaissants, les plus affectueux.

« Nous n'oublierons jamais, Jeanne, jamais, jamais ce que tu as fait pour nous. Dès que tu as besoin de nous, appelle ! Nous arriverons tout de suite, même les plus rares d'entre nous, même ceux qu'on ne trouve pas dans le dictionnaire. Et nous te promettons, mieux, Jeanne, nous te jurons de ne plus te faire enrager. Plus jamais, jamais nous ne te jouerons la mauvaise blague du mot sur la langue, tu sais bien, Jeanne, ce mot qu'on sent tout proche et qui refuse de se montrer. Fini, ces espiègleries ! Maintenant, nous sommes de vrais alliés, Jeanne ! À la vie, à la mort ! À partir de maintenant, dès que tu auras l'idée d'un mot, ce mot apparaîtra. »

Là, j'ai souri. Je savais bien qu'ils ne tiendraient pas leur parole. Il est dans la nature des mots de jouer avec la patience de l'écrivain.

Qu'ils étaient mignons ce soir-là ! Ils me caressaient la main, ils se promenaient sur ma joue, ils ne voulaient pas me laisser.

Une équipe de plongeurs avait été récupérer les livres dans l'épave. Nous les avions alignés sur la plage. En un rien de temps, le soleil les avait séchés. L'heure était venue pour les mots de regagner leurs demeures. C'est peu dire qu'ils renâclaient. On peut les comprendre : perspective peu réjouissante que celle de passer le restant de ses jours emprisonné toujours dans la même phrase. Elle-même située toujours au même endroit de la même histoire. Elle-même collée toujours dans le même livre.

Malgré l'inconfort de leur séjour sur la plage, une folle envie de liberté était venue aux mots, semblable à celle des collégiens, les dimanches soir, quand l'heure a sonné de rejoindre leur pensionnat.

Émerveillement et *rhinocéros* menaient la révolte :

– Laissez-nous une récréation !

– Nous l'avons bien mérité !

– Oh, s'il te plaît ! Encore une heure avant de réintégrer notre geôle !

– Tu l'as dit, Jeanne : la ponctuation donne du rythme. Prouvons-le.

C'est ainsi que l'idée vint à *remorqueur* :

– On en a marre de toujours raconter ! De seulement raconter ! Si on dansait ?

Personne n'aurait imaginé qu'une telle suggestion puisse venir de ce mot-là qui évoque la force, la puissance, mais non la grâce, la légèreté de la danse.

Il répéta :

– Si on dansait ? Puisqu'on a un orchestre !

Une clameur lui répondit. Et, d'un seul coup, les mots commencèrent à se trémousser. D'autant que les musiciens, soudain ressuscités, y compris mon Tom et sa fiancée, s'étaient mis à jouer une salsa endiablée.

Dario prenait son rôle très au sérieux. Il passait et repassait au milieu des phrases qui chaloupaient, ondulaient, se déhanchaient. Il donnait des conseils de professionnel :

– Plus cambré ! Et toi, respire, relâche-toi...

De temps en temps il s'approchait de nous, Sébastien, le vieux typographe, et moi, pour reprendre souffle et s'abreuver.

– Quelle fête, mes enfants ! Qui aurait pu penser que la ponctuation engendre tant de joie ? Cette beauté me donne soif, pas vous ?

On lui tendait et retendait la grosse bouteille brune. Le rhum agricole lui redonnait de la mémoire.

– La ponctuation et la danse... J'y pense... Dès le XVIe siècle on a tenté de noter les pas de danse, les enchaînements. Raoul Feuillet, ça ne vous dit rien ?

Nous lui avons avoué notre ignorance.

– C'est lui le grand maître de l'écriture de la

danse. Son livre est paru en 1700. Vous vous rendez compte ? Et on l'utilise encore aujourd'hui. Attendez que je me rappelle: *L'art de décrire la danse par caractères, figures et signes démonstratifs.* Ce n'est pas de la ponctuation, ça ?

Sous le regard effaré des mouettes, des sternes et des crabes, la plage s'était changée en dancing géant, sans aucun doute le premier dancing jamais réservé au plaisir des mots.

C'est l'épuisement qui décida de la fin du jeu. Un à un, les musiciens s'effondraient, glissaient vers le sable où ils s'endormaient dans l'instant. Le dernier à résister fut la *señora* Pons, notre star régionale du saxophone. Et l'air, soudain, fut vide de musique.

MR FEUILLET M^E de Dance

RF

CHOREGRAPHIE
OU
L'ART DE DECRIRE
LA DANCE

Les mots auraient volontiers continué. Des acharnés s'agitaient toujours. Mais ils savaient bien que la récréation était finie. Un à un, ils sont venus me saluer, au revoir, Jeanne, à bientôt et merci, merci ! À regret, à petits, tout petits pas ils ont rejoint leurs histoires. Je veux dire qu'ils ont repris leur place, dans les livres. Le lion a été le dernier.

– Jeanne, j'ai une idée. Une fois par an, on sortirait tous les livres de leurs rayons ; on les ouvrirait grand ; et on permettrait aux mots d'aller prendre l'air. Le soir, juré, nous reviendrions en bien meilleure forme. Qu'en penses-tu ?

J'ai presque crié d'enthousiasme et promis de tout faire pour que cette journée de vacances leur soit accordée. En voyant disparaître ce cher lion, j'avais les larmes aux yeux.

Plus tard, les musiciens s'en sont allés aussi. J'ai voulu embrasser Tom. Trop tard, il avait disparu, sans doute en compagnie de sa nouvelle amie trompettiste.

Et je suis demeurée seule.

Et pourtant, je sentais une présence.

Quelqu'un, ou quelque chose, respirait à proximité. Je me suis retournée. Personne. Entre les cocotiers et le bord de l'eau, rien.

Alors ?

Je me rappelai une vieille expression : *qui vive*. C'était le cri des sentinelles suspectant une présence ennemie : *halte-là, qui vive* ?

Halte-là, qui vivait sur cette plage apparemment déserte ?

Je résistai à la tentation de fuir. Jeanne manque souvent d'intelligence, vous l'avez constaté, mais elle a du courage. Recouvrant peu à peu mon calme, j'analysai la situation, avec toute la logique dont ma tête était encore capable.

1. Éliminons les crabes et les œufs de tortue, invisibles mais sans doute enfouis dans le sable. Ni les uns ni les autres ne respirent de cette manière.

2. Excluons les bulldozers, les pauvres. Comment auraient-ils pu émettre le moindre son avec leurs moteurs détruits ?

3. Reste la mer.

Tout le monde sait qu'elle respire. Elle inspire en montant. Elle expire pour descendre. Et toutes les deux ou trois minutes, des vaguelettes, même par vent nul et calme plat, partent à l'assaut du rivage.

Je me suis éloignée. J'ai quitté la plage. Pour en avoir le cœur net, j'ai traversé la route côtière, déserte à cette heure. J'ai marché jusqu'à un champ, le plus tranquille que j'aie pu trouver, sans vaches, ni moutons. Ma seule compagnie visible était celle d'un héron cendré. J'ai tendu l'oreille. Le bruit continuait, toujours le même, le souffle d'une respiration, la preuve d'une présence qui, là où je me trouvais, ne pouvait plus être celle de l'océan.

À ce moment, des libellules ont décidé de m'aider. Elles se sont mises à me tourner et retourner de plus en plus près, et de plus en plus vite, au-dessus du crâne. Malgré mon idiotie congénitale, j'ai fini par comprendre qu'elles voulaient me faire passer un message.

Je me suis concentrée.

Et la vérité m'est apparue: la *présence* que je cherchais partout, et d'abord dans la mer, était en moi. Bien caché, tout à fait dissimulé derrière la mécanique de mes poumons, un autre engrenage tournait, la machinerie de mes sentiments.

Quelle était donc cette joie qui montait, montait en moi, cette gaieté qui, depuis quelque temps, me faisait rire tout bas, cette lumière qui me réveillait la nuit, cette chaleur qui m'envahissait le ventre ?

Et pourquoi, soudain, cette vague s'arrêtait-elle ? Net. On aurait dit que, au lieu de redescendre tranquillement, comme toutes les vagues

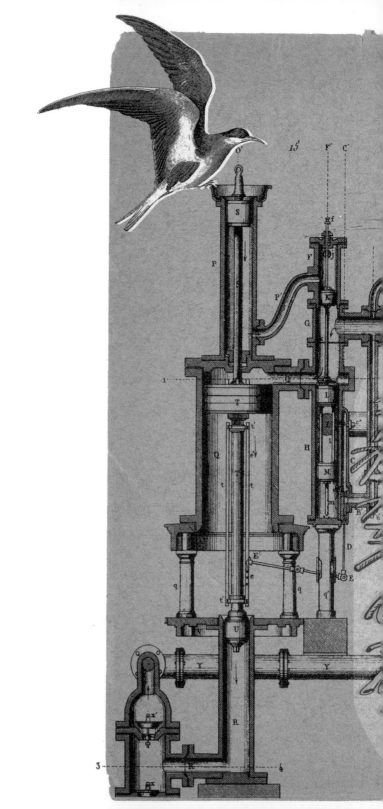

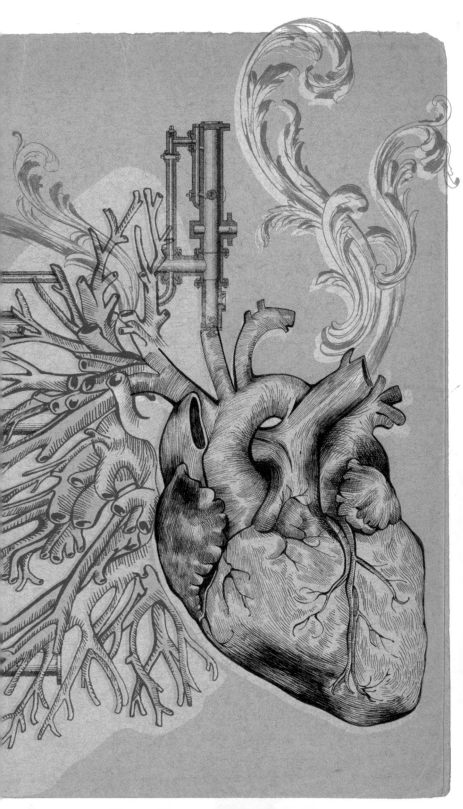

normales, elle tombait droit dans un gouffre. Et m'entraînait, bien sûr, avec elle. Pourquoi devenais-je soudain triste, si triste, désespérée alors que l'instant d'avant j'habitais au Ciel, parmi les anges ?

Quelle ponctuation inventer pour décrire ce genre de cassures ?

Un point de « basculement dans le vide » ? Un point de « chute vers les enfers » ?

Quels dessins choisir pour cette ponctuation nouvelle ? La ligne brisée $\sum$? Les flèches $\uparrow\downarrow$? Écrivez-moi si vous avez des idées. On partagera les droits d'auteur.

Moi, Jeanne, un jour, je compléterai la grammaire pour qu'elle tienne plus fidèlement compte des fluctuations de notre humeur. Mais peut-être ce rôle est-il celui de la musique ? Les mots, les phrases, même soigneusement ponctuées, ne peuvent pas tout dire. Sans doute que, pour exprimer la mobilité, la fantaisie, la liberté indomptable des sentiments, rien ne vaudra jamais une mélodie.

Il fallait que je parle à quelqu'un. Je me suis approchée du héron cendré et lui ai dit mon rêve. Car je savais bien le nom de cette machine à l'œuvre en moi. Je savais même son prénom. Le héron m'a écoutée, avec attention, et s'est envolé.

Mon rêve fut exaucé trente-deux jours plus tard, pas un de moins. Peut-être les hérons cendrés ont-ils pour mission de transporter nos rêves, jusqu'à une fabrique où quelqu'un décide (ou ne décide pas) de les changer en réalité ?

– Quelqu'un pour toi vient d'arriver au port.

Dans notre île, personne ne peut débarquer incognito. À l'instant où le visiteur (ou la visiteuse) pose le pied sur le quai, tout le monde connaît son identité. Et tout le monde devine pour qui (femme ou homme, jeune ou vieux) le visiteur (ou la visiteuse) a fait ce long voyage.

Ce visiteur-là n'eut pas besoin de poser la moindre question. Tout le monde avait l'air de l'attendre. On lui a tout de suite indiqué la direction.

– Pour la maison de Jeanne, vous ne pouvez vous tromper. Rond-point des alizés, direction plage de la bibliothèque naufragée. Et là, c'est tout au bout, juste avant la sécherie de poissons. Je vous préviens, ça sent mauvais par vent d'ouest. Bon séjour quand même.

Je l'attendais derrière la porte. Je me suis avancée vers lui en luttant de toutes mes forces pour rester calme, pour jouer la fille contrôlée. Je savais bien qu'une amoureuse, trop visiblement, trop bruyamment, trop démonstrativement amoureuse dégoûte les garçons, surtout les garçons indiens. Et lentement, très lentement, je me suis installée au milieu de ses bras.

De la suite, vous ne saurez rien, indiscrets lecteurs que vous êtes et voyeurs, si voyeurs.

Sachez seulement que toute la nuit mon corps vibra, de mille et une manières. Et que, le lendemain, lorsque je vins lui présenter Amitav, Dario nous accueillit ainsi à la porte de son Musée du rythme :

– Bienvenue les amoureux ! Pas besoin de vous faire visiter, il me semble. Quelque chose me dit que, pour le rythme, vous n'avez besoin de personne.

Puis il me prit par l'épaule.

– J'ai à te parler, Jeanne.

Nous nous éloignâmes de quelques pas, suivis par le regard noir d'Amitav. Oh, le délice de constater de la jalousie chez celui qu'on aime !

– Jeanne, écoute-moi bien !

Dario avait cessé de sourire. Je vous le rappelle : Dario ne fonctionne pas comme nous. Quand il sourit, c'est pour masquer sa tristesse. Quand il devient grave, c'est que la joie de vivre lui revient. Comme ce matin-là.

– Jeanne, je suis heureux.

– Bonne nouvelle ! Ça t'arrive si rarement. Tu peux me dire la raison ?

– Ton amour va durer.

– J'aimerais, oh, j'aimerais tant. Mais qu'est-ce qui te fait croire ça ?

– Tu es grammairienne.

– Et alors ?

– Une grammairienne a le sens des accords, un amour est le Grand Accord, non ?

– Vu comme ça…

– Il y a plus. Une grammairienne a aussi le sens du rythme, tu me l'as prouvé.

– Quel rapport ?

– L'amour est une affaire d'esprits et de peaux qui se plaisent. Mais c'est tout autant une question d'horloges.

– Tu es bien grave et mystérieux, aujourd'hui !

– Chacun des amants a une horloge en lui. Et les deux horloges doivent s'accorder.

– Là, je ne comprends plus.

– La grammaire. Les humeurs se succèdent en nous, parfois mauvaises, parfois bonnes, comme le soleil suit la pluie. Rien de grave. Entre chaque humeur, tu poseras une virgule, sans t'inquiéter.

Dario rejoignait mon intuition. Moi aussi, j'avais compris l'utilité de la ponctuation en pensant à la mécanique fragile – ô combien ! – des senti-

ments. Dario, sourcils froncés, continuait son cours.

– Plus grave, beaucoup plus grave, le point à
la ligne. Alerte rouge !

– Je veux être bien sûre de te suivre. Explique-
moi : dans un amour, qu'est-ce qu'un point à la
ligne ?

– Tu te disputes avec ton amant. La nuit tombe.
Vous vous endormez sans vous être réconciliés.
Mauvais. Les rêves peuvent vous éloigner l'un de

l'autre. La nuit n'est plus une virgule banale, la séparation tranquille entre deux journées. La nuit s'est changée en un point, qui peut devenir final.

Dario s'était remis à sourire. Preuve que la tristesse avait repris possession de lui. Pauvre Dario ! Ses amours passées (ses amours manquées) devaient lui revenir en mémoire.

– Alors toi, tu n'as jamais réussi à aimer ?

– Oh moi ! J'ai beau savoir danser, je suis le roi du contretemps. Parce que, tu le sais bien, je ne connais rien à la ponctuation : je prenais les virgules pour des points. Alors je me fâchais pour une broutille. Et ma fiancée partait. Ou l'inverse : je prenais des points pour des virgules. Je m'approchais alors qu'elle voulait de la tranquillité. Résultat…

– Ta fiancée partait aussi.

– Bonne chance, Jeanne ! Bonne chance. Et si tu te perds dans les horloges, pardon, la ponctuation, bref si tu as besoin de musique, tu connais mon adresse. J'aurai toujours un orchestre pour redonner de la danse à ta vie.

Remerciements

À tout seigneur, tout honneur, merci au président-poète-grammairien Léopold Sédar Senghor. Qu'il me pardonne d'avoir quelque peu bousculé la chronologie pour le faire entrer dans mon histoire. Je me souviens avec tellement d'émotion de nos rencontres. Il avait quitté le pouvoir, *volontairement*. Rareté partout dans le monde, et surtout en Afrique. Il me recevait dans son petit appartement parisien, 1, square de Tocqueville. François Mitterrand m'avait confié la tâche d'organiser un premier sommet francophone. Léopold Sédar Senghor me prodiguait de judicieux et malicieux conseils.

Merci à Danièle Leeman. Si savante grammairienne, si généreuse, si sévère parfois. Depuis maintenant huit ans, elle veille sur cette folle entreprise : tenter, en racontant, de donner le goût de la grammaire aux jeunes générations.

Merci à l'école de Villaines-les-Rochers qui me fait l'honneur de porter mon nom. Merci à sa formidable directrice, Sophie Charreau. Merci à la grande équipe du CM2, Alix, Arthur, Audrey, Aymeric, Félix, Justine, Kristal, Lila, Mélanie, lectrices et lecteurs aussi inventifs qu'implacables.

Merci à Elzée, Daphné, Anna, Achille, Augustine et Alexis, qui ne m'ont pas fait de cadeau !

Sans oublier les deux fées, spécialistes de la métamorphose des manuscrits, Charlotte Brossier et Marie Eugène.

DU MÊME AUTEUR

Loyola's Blues,
roman, Éditions du Seuil, 1974 ; coll. « Points ».

La vie comme à Lausanne,
*roman, Éditions du Seuil, 1977 ;
coll. « Points », prix Roger-Nimier.*

Une comédie française,
roman, Éditions du Seuil, 1980 ; coll. « Points ».

Villes d'eau,
*en collaboration avec Jean-Marc Terrasse,
Ramsay, 1981.*

L'Exposition coloniale,
*roman, Éditions du Seuil, 1988 ;
coll. « Points », prix Goncourt.*

Besoin d'Afrique,
*en collaboration avec Éric Fottorino
et Christophe Guillemin, Fayard, 1992 ; LGF.*

Grand amour,
roman, Éditions du Seuil, 1993 ; coll. « Points ».

Rochefort et la Corderie royale,
*photographies d'Eddie Kuligowski,
Paris, CNMHS, 1995.*

Mésaventures du Paradis,
mélodie cubaine, photographies de Bernard Matussière,
Éditions du Seuil, 1996.

Histoire du monde en neuf guitares,
accompagné par Thierry Arnoult, roman,
Fayard, 1996 ; LGF.

Deux étés,
roman, Fayard, 1997 ; LGF.

Longtemps,
roman, Fayard, 1998 ; LGF.

Portrait d'un homme heureux, André Le Nôtre,
Fayard, 2000 ; Folio.

La grammaire est une chanson douce,
Stock, 2001 ; LGF.

Madame Bâ,
roman, Fayard/Stock, 2003 ; LGF.

Les Chevaliers du Subjonctif,
Stock, 2004 ; LGF.

Portrait du gulf stream,
Éditions du Seuil, 2005 ; coll. « Points ».

Dernières nouvelles des oiseaux,
Stock, 2005 ; LGF.

Voyage au pays du coton,
Fayard, 2006 ; LGF ;
Grand prix des explorations et des voyages
de découverte de la Société de géographie.

Salut au Grand Sud,
en collaboration avec Isabelle Autissier
Stock, 2006 ; LGF.

La révolte des accents,
Stock, 2007 ; LGF.

Quels espaces pour demain ?,
en collaboration avec Patrick Bernasconi
Stock, 2008.

La chanson de Charles Quint,
Stock, 2008 ; LGF.

L'avenir de l'eau,
Fayard, 2008 ;
prix Joseph Kessel.

Pour l'éditeur, le principe est d'utiliser des papiers composés de fibres naturelles, renouvelables, recyclables et fabriquées à partir de bois issus de forêts qui adoptent un système d'aménagement durable.

En outre, l'éditeur attend de ses fournisseurs de papier qu'ils s'inscrivent dans une démarche de certification environnementale reconnue.

Ouvrage mis en page par Remy Mayeux, Paris

Photogravure par Point4

Achevé d'imprimer en juillet 2009
par l'imprimerie Pollina
à Luçon
pour le compte des Éditions Stock
31, rue de Fleurus, 75006 Paris

Imprimé en France
Dépôt légal : août 2009
N° d'édition : 01 – N° d'impression : L51170
54-02-6058/9